HEYNE FILMBIBLIOTHEK

W0190126

Katharina Blum

TIL SCHWEIGER

Originalausgabe

WILHELM HEYNE VERLAG
MÜNCHEN

HEYNE FILMBIBLIOTHEK
32/255

Herausgeber: Bernhard Matt
Redaktion: Rolf Thissen

BILDNACHWEIS:
ARD/Andrea Enderlein 92;
Buena Vista 77 (2), 158;
F. W. Holubovsky 11;
Krüger (WDR) 20, 21, 23, 25, 27 (3), 29, 30;
Privatarchiv Til Schweiger 139;
Privates Archiv für Filmkunde 8, 13, 15, 16 (4), 17 (4),
18, 19, 32, 33, 34, 35, 36, 37 (2), 39, 40, 41, 42, 43, 45, 47, 48, 51 (rechts),
55, 57, 59, 61, 63, 65 (2), 67, 69, 70, 71, 73, 75, 79, 81 (3), 82, 83, 85 (2),
86, 88, 91, 95, 97, 98, 101, 102 (4), 103, 105 (2), 106, 108, 109, 113, 114 (2),
115, 116, 117, 119, 120, 121, 129, 130, 131, 133, 134, 135, 137, 140,
142, 143, 145, 147, 149, 151, 152, 154, 156;
Edda Bauer 124, 125 (2);
WDR/Delphi Filmverleih 51 (links)

Copyright © 1997 by Wilhelm Heyne Verlag GmbH & Co. KG,
München
Printed in Germany 1997
Umschlagfoto: teutopress, Bielefeld
Rückseitenfoto: Buena Vista International
Umschlaggestaltung: Atelier Ingrid Schütz, München
Herstellung: H + G Lidl, München
Satz: Fotosatz Völkl, Puchheim
Druck und Verarbeitung: Ebner Ulm

ISBN 3-453-13227-0

Inhalt

Kinohelden haben es nicht leicht

»Til Schweiger hat ein Heldengesicht«, erzählt mir Thomas Jahn, Autor und Regisseur des deutschen Erfolgsfilms *Knockin' on Heaven's Door*, und ich habe irgendwie das Gefühl, dass da etwas dran ist. Til Schweiger gehört zu den erfolgreichsten Schauspielern der neunziger Jahre, und er ist bei einem sehr großen Kinopublikum beliebt. Seit seinen Anfängen in der *Lindenstraße* hat sich sein Erfolg von Jahr zu Jahr gesteigert, und immer wieder konnte man feststellen, wie sehr die Menschen ihn mögen.

»Kinohelden«, fährt Jahn fort, »sind immer die Jungs, die am Ende das Mädchen kriegen, das sind die, die auch zusammengeschlagen mit blutiger Fresse am Boden immer noch ihre Idee vertreten – dazu gehört einfach ein gewisses Gesicht, und das hat nicht jeder. Egal wie gut deine schauspielerischen Qualitäten sind, den Leading Man in einem Film zu machen, das können nur ganz wenige. Das ist natürlich nicht nur das Gesicht, das ist die Körperlichkeit, das ›Wie spiele ich etwas‹. Gleichzeitig schlägt genau das oft wieder ins Gegenteil um: Kein Mensch auf der ganzen Welt traut Til Schweiger zu, ein guter Schauspieler zu sein, wegen dem Gesicht, wegen dem Image. Sein Problem ist, dass er der Sonnyboy ist, er ist Mister 54 Prozent, und schon deswegen kann er kein genialer Schauspieler sein. Ich glaube, was er in *Knockin'* gezeigt hat, ist ein Schritt in die Richtung, den Leuten zu zeigen, wer er ist und was er kann; er ist wieder einen Schritt weiter gegangen. Es wird eine Menge Leute geben, die ein ähnliches Erlebnis haben, wie ich bei *Der bewegte Mann* hatte, nämlich, dass man da sitzt und denkt, hey, das habe ich vorher nicht gewusst, das hätte ich nicht gedacht, was der alles drauf hat.«

Til Schweiger, den Kinohelden, habe ich als einen sympathischen und offenen jungen Mann kennengelernt. Bei unserem ersten Interview in Köln war er ziemlich geschafft; ein anstrengendes Jahr lag hinter ihm, die Promotion-Tour

Ein sympathischer Kinoheld

für *Knockin'* war in vollem Gang, seine Frau Dana erwartete das zweite Kind, und er hatte an diesem Tag schon ziemlich viele Interviews gegeben. Trotzdem haben wir ein brauchbares Gespräch geführt und sogar noch über die eine oder andere witzige Situation schmunzeln können. Die Fortsetzung des Interviews erfolgte dann in Telefonaten und Faxen zwischen Los Angeles und Köln; bis auf das Problem, sich gegenseitig überhaupt zu erreichen, fand ich die Zusammenarbeit unkompliziert und verlässlich. Besonders muss ich mich aber bei Dana bedanken, denn mit unendlicher Geduld und mit ihrer netten und unkomplizierten Art hat sie geholfen, Termine zu koordinieren, und so dazu beigetragen, dass dieses Buch zustande gekommen ist.

Die Idee, eine Biographie über Til Schweiger zu schreiben, hat viel mit der Begeisterung und der Unermüdlichkeit zu tun, mit der er Filmprojekte angeht. *Manta, Manta* und *Ebbies Bluff, Der bewegte Mann* und *Männerpension* heißen die Stationen seines Erfolges. Mit *Knockin' on Heaven's Door* zeigt er sich außerdem noch von einer ganz anderen Seite: Es ist der erste Film, den der Schauspieler selbst produziert hat, und seine Kollegen bestätigen, dass Til sich schon immer gerne für das gesamte Filmprojekt engagiert hat, das heißt über seine Arbeit als Schauspieler hinaus.

Auch als ich dieses Vorwort schreibe, ist Til gerade für zwei Wochen in Deutschland unterwegs; außer dass er natürlich Freunde und Familie besucht und als neues Model von Hugo Boss vorgestellt wird, kümmert er sich um seine Produktionsfirma Mr. Brown Entertainment, da hängt nun einmal sein Herz dran. Dann fährt er wieder nach Los Angeles, denn dort lebt er zur Zeit; aber seine Verbindung nach Deutschland, sein Engagement für den deutschen Film, das bleibt.

Katharina Blum   *Köln, im August 1997*

Boulevardkomödien und »Lindenstraße«: am Anfang einer großen Karriere

Ein junger Mann kommt am Bahnhof an, steigt aus dem Zug, schlendert den Bahnsteig entlang; eine blonde, sehr gut aussehende Frau geht ihm entgegen, an ihrer Hand ein kleiner Junge; der Mann dreht sich um, wirft ihr einen bewundernden Blick nach. Der Mann ist Til Schweiger in seinem neuen Film *Knockin' on Heaven's Door*, der Blick gilt dem US-Model Dana Carlson, seiner Frau, und dem gemeinsamen Sohn Valentin. »Von mir gibt es keinen Superacht-Film, weil wir keine Kamera hatten, weil wir uns keine leisten konnten«, erklärt er. »Heute hat jeder Video«, fährt er fort, »das finde ich gut, weil man sieht, wie man sich bewegt und gesprochen hat. Ich hatte eben die Chance, meinen Sohn auf Cinemascope zu donnern.« Eine cineastische Liebeserklärung und eine ehrliche Szene, sympathisch.

Seit Juni 1995 ist Til Schweiger mit Dana Carlson verheiratet. Die beiden haben in Cannes geheiratet. Til schwärmt von einer Traumhochzeit auf einem Boot, die sein Freund und Mentor Bernd Eichinger für ihn organisiert hat. Drei Tage später findet die Trauung auf dem Kölner Standesamt statt. Dana ist Amerikanerin und arbeitet als Model, das heißt, sie hat als Model gearbeitet, denn im September 1995 wird der Sohn von Dana und Til geboren; Valentin heißt er, wie sein Vater. Schon im Januar 1997 kommt Tochter Luna Marie auf die Welt, und bei zwei Kindern bleibt nicht viel Zeit übrig.

Um Valentin und Luna kümmern sich die Eltern gemeinsam; für Til ist das gar keine Frage, er möchte viel mitbekommen von seinen Kindern, mit ihnen spielen, für sie da sein: »Kinder sind das Schönste, was es gibt auf der Welt«, strahlt er. Für Dana und Til war schon früh klar, dass sie

Eine Traumhochzeit für Dana und Til

sich beide mehrere Kinder wünschen. In Los Angeles, wo die gesamte Familie nach der *Knockin'*-Promotion-Tour Anfang 1997 hingefahren ist, will Til gemeinsam mit Dana vor allem ausspannen und mit den Kindern zusammen sein. Als seine Tochter auf die Welt gekommen ist, war er als Produzent und Hauptdarsteller von *Knockin'* schließlich fast Tag und Nacht beschäftigt – mit Fernsehauftritten, Interviews, Fototerminen. Aber Zeit für die Familie, das muss sein: »Die Familie, das ist mein Lebensinhalt.« Ursprünglich wollten Dana und Til sogar mit Kind und Kegel nach Belgien ziehen; sie hatten auch schon ein Haus gekauft und stellten sich vor, mit ganz vielen Kindern auf dem Land zu leben. Aber das Haus haben sie wieder verkauft; dafür ist es doch noch ein bisschen früh, finden beide, aber den Traum haben sie nicht aufgegeben.

Student und Schauspielschüler

Tilman Valentin Schweiger wird 1963 als Sohn eines Lehrerehepaars in Freiburg geboren. Nach dem Abitur will er studieren, sein Berufswunsch ist Lehrer, ganz wie die Eltern. Aber zunächst kommt die Bundeswehr – eine absolute Fehlentscheidung, bemerkt Til nach Kurzem und verweigert dann nachträglich. Seinen Zivildienst leistet er in einem Gießener Krankenhaus. Anschließend beginnt er ein Medizinstudium, um jedoch kurze Zeit später festzustellen, dass dies sicher nicht das Richtige für ihn ist. Er beginnt Germanistik zu studieren und jobbt nebenbei als Kellner in einer Kölner Kneipe. Ein ganz normaler Typ – einer, der zunächst gar nicht so viel zu tun hat mit der Schauspielerei, der keine Träume geträumt hat von Film oder von Starruhm und der auch nicht sein halbes Leben im Halblicht der Kinos verbracht haben will.

Irgendwann lernt er Leute kennen, die Theater spielen, und das gibt ihm zu denken. Als er von einer langen Reise aus Griechenland zurückkommt, steht sein Entschluss fest: Er meldet sich an der Schule des Theaters im Theater der Keller an. »Nachdem er die Aufnahmeprüfung bestanden hatte, da ging ein regelrechter Jubelschrei durch den Saal«, erinnert sich Peter Schwab, einer der Lehrer von Til Schweiger. »Es war eine so spontane, echte Freude, er ging so strahlend aus dieser Prüfung raus, dass einem diese Szene gut in Erinnerung geblieben ist.« Keine Frage, Til hat seinen Weg gefunden. Mit vollem Eifer ist er bei der Sache, bestätigen seine Lehrer, und er bekommt die Möglichkeit, neben seiner Schauspielausbildung an einigen Aufführungen im Theater der Keller mitzuwirken. Das ist eine Besonderheit dieser privaten Schule, die bereits auf eine 40-jährige Tradition zurückblicken kann. Durch die direkte Ankopplung an das Theater besteht die Möglichkeit, neben der Ausbildung in aktuellen Stücken mitzuwirken, soweit Regisseure und Lehrer dies für sinnvoll halten. Heute hat die Schule diese Möglichkeit dahingehend erweitert, dass jede Schauspielklasse ein Stück vollkommen selbstständig inszenieren und zur Aufführung im Theater bringen kann. Eine gelungene Verbindung von Ausbildung und beruflicher Praxis.

Tils erste Autogrammkarte …

Im Anschluss an die dreieinhalbjährige Ausbildung erfolgt eine staatliche Abschlussprüfung; Til hat die erste Station geschafft, nun darf er sich ›Schauspieler‹ schimpfen. Doch jeder weiß, dass so noch nichts gewonnen ist. H. W. Geissendörfer, der Til seine erste Fernsehrolle in der *Lindenstraße* gab, betont zum Beispiel, wie unwichtig für ihn der Abschluss seiner Darsteller sei: »Man kauft ja nicht den perfekten Handwerker ein, sondern man will die Persönlichkeit kennenlernen und sehen, wie einer in das Ensemble, in den Film passt.«

Til ›passt‹ nicht nur in das Team von Geissendörfer, er wird innerhalb weniger Jahre zu einem der beliebtesten deutschen Schauspieler, erhält bereits für seinen zweiten Kinofilm den Max-Ophüls-Preis, bekommt je einen Bambi für *Männerpension* und *Der bewegte Mann* und wird 1997 beim Filmfestival in Moskau zum besten männlichen Darsteller gekürt.

Ein Typ wie ein Boulevard-James-Dean

Eines Tages sitzt Til Schweiger im Contra-Kreis-Theater in Bonn im Zuschauerraum, seine damalige Freundin hat Premiere mit einem Stück. Der Regisseur des Stückes, Horst Johanning, bemerkt »einen bescheidenen Jungen im Publikum. Das ist ein interessanter Typ, vielleicht ist er Schauspieler«, denkt er sich. Nur wenige Spielzeiten später steht Til Schweiger auf derselben Bühne, »Mit einem Zeh im Wasser« sozusagen, denn so lautet der Titel dieser englischen Komödie von Autor Derek Benfield, die von Horst Johanning inszeniert wurde. Der Journalist H. D. Terschüren (in: Bonner Rundschau, 2.12.89) feiert Til Schweiger in der Rolle des Fensterputzers Rodney als die eigentliche Entdeckung des Stückes, und sein Kollege Dieter Gerber (in: General-Anzeiger, 4.12.89) bescheinigt ihm »viel jungburschenhaften Charme«. – »Til war besessen von seinem Beruf, und er hat wahnsinnig viel gearbeitet«, erzählt der Regisseur des Stückes. »Er war fleißig und ehrgeizig

Auf dem Weg zum »Starruhm«

und immer gut vorbereitet; ich hatte das Gefühl, er sei bei
jeder Probe und Aufführung 300 Prozent bei der Sache.«
Boulevardkomödien beziehen ihren Witz in aller Regel aus
Missverständnissen und Verwechslungen, und davon hat
das nächste Stück, in dem Til Schweiger auf der Bühne des
Contra-Kreis-Theaters steht, genug zu bieten: Die Eltern

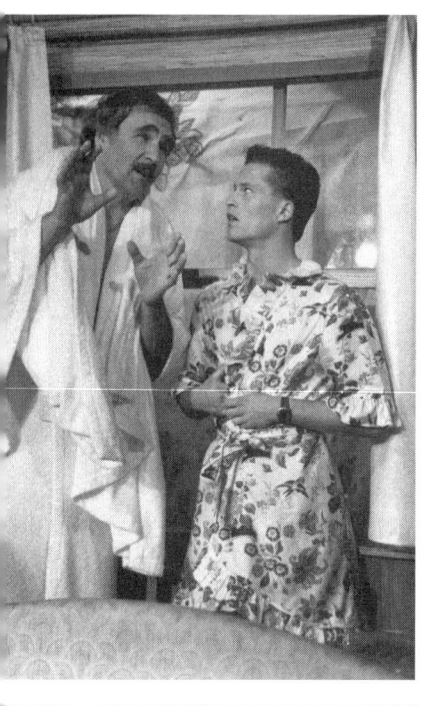

Linke Seite: Til Schweiger auf der Bühne (oben: ›Mit einem Zeh im Wasser‹, unten: ›Endlich allein‹)

Oben: Til Schweiger in der schwarzen Komödie ›Kille, Kille‹. Während in den Kinos ›Manta, Manta‹ läuft, steht Til auf der Bühne (am Contra-Kreis-Theater in: ›Kille, Kille‹)

von vier erwachsenen Kindern freuen sich auf eine entspannte Zeit zu zweit, da alle Kinder nun endlich aus dem Haus sind. Scheinbar. Denn nach und nach schleicht sich einer nach dem anderen wieder in die heimischen Gefilde. Til Schweiger ist einer der Söhne, Elliot, »ein Typ wie ein Boulevard-James-Dean, von dem man sicher noch mehr sehen wird«, wie die Bonner Rundschau schreibt (H. D. Terschüren in: Bonner Rundschau, 17.8.90). Eine Prognose, die inzwischen von der Realität überholt wurde. »Til wollte immer zum Film, das war seine große Liebe«, erzählt Horst Johanning, dafür hat er gearbeitet und dabei nie das Theater vernachlässigt. Noch bevor er seine letzte Darstellung am Bonner Theater zum Besten gibt, hat er es dann auch schon geschafft: Er spielt den Jo Zenker in der *Lindenstraße,* und bald läuft sein erster Spielfilm *Manta, Man-*

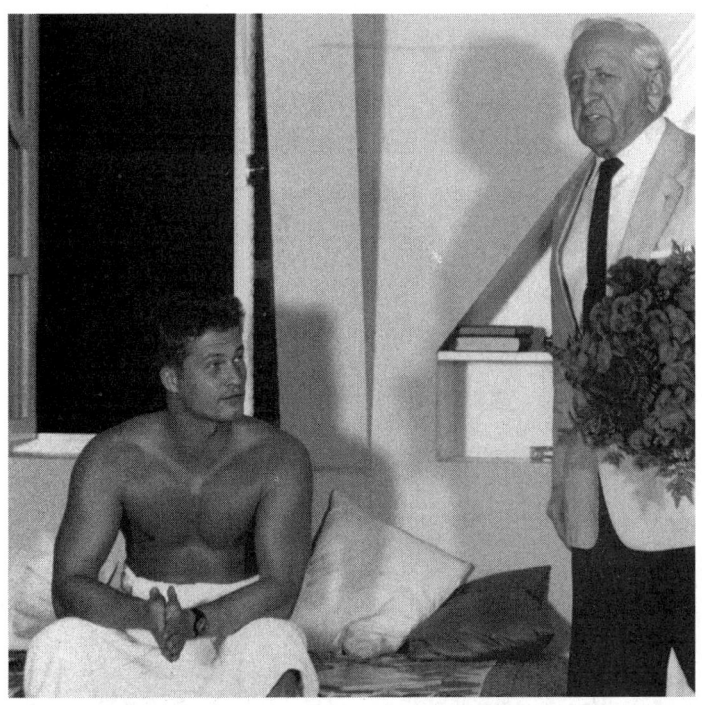

»Ein Schauspieler mit Können und sexy Body« (Til Schweiger am Kölner Theater am Dom)

ta in allen großen Kinos. Gleichzeitig steht Til zum letzten Mal auf der Bonner Bühne: In der schwarzen englischen Komödie »Kille, Kille« von Derek Benfield verstand es Til Schweiger »meisterhaft, die Zerrissenheit des Geoff zwischen der Loyalität zur Familie seiner Braut und seinem Gewissen aufzuzeigen«, lobt Rezensentin Margareta Müller (in: Kölner Stadt-Anzeiger, 2.12.91) die Darstellung des Schauspielers.

1992 kehrt Til Schweiger noch einmal ans Theater zurück, in seiner Wahlheimatstadt Köln: Im Theater am Dom ist er an der Seite von Gunther Philipp und Karin Dor in »Die Kaktusblüte« zu sehen. Für die Illustrierte Prinz (1/93) ist

er die Bühnenentdeckung 1992: »Ein Schauspieler mit
Können und sexy Body.« Na, immerhin.

Ein verliebter Bundeswehrsoldat

1989 bekommt Til Schweiger seine erste Fernsehrolle als
Jo Zenker in der *Lindenstraße*. Von den Schicksalen, Freuden und Nöten ganz einfacher, ganz normaler Menschen
erzählt die Serie, die in manchen Zuschauerkreisen bereits
Kultstatus erreicht hat und 1997 bereits ihre 600. Folge fei-
erte. Produzent und Koautor Hans W. Geissendörfer hat
viele junge Talente entdeckt und gefördert: »Katja Studt
und Jürgen Vogel haben mit mir angefangen, in *Bumerang,
Bumerang,* ich habe auch mal den Thomas Heinze in *Justiz*
besetzt. Na ja, und Til Schweiger hat bei uns in der *Lindenstraße* das Handwerk gelernt. Über seinen Erfolg freue ich

Til als Jo Zenker in der ›Lindenstraße‹ (mit Jo Bolling)

Freut sich über Tils Erfolg: Hans W. Geissendörfer

mich natürlich. Ich denke, er hat wirklich so eine Kinopräsenz, man glaubt ihm einfach den Helden. Ich finde auch, dass er ein anständiger Typ ist, er ist gradlinig. Ich habe ihn zwar nach seinen letzten Triumphen nicht mehr gesehen, aber ich habe ihn mit einer natürlichen Scheu in Erinnerung, die ihn davor bewahrt, in Größenwahn zu ersticken. Es bleibt eine Bescheidenheit, die hat er drauf.«

In der *Lindenstraße* ist Til Schweiger Jo Zenker. Jo ist 1970 geboren und jetzt bei der Bundeswehr, denn er hat einen Traum – den Traum vom Fliegen. »Til war bei uns sehr vorsichtig eingesetzt«, erzählt Geissendörfer über die Anfänge des Schauspielers. »Wir haben allerdings gemerkt, dass er unheimlich wirkt, so hat er beispielsweise sehr viel Fanpost bekommen, obwohl er in der Serie gar nicht so oft zu sehen war. Die Leute mögen ihn einfach, das beweist ja auch seine Karriere. Wir haben aber die ganze Familie Zenker, wie wir das immer machen, Stück für Stück, Person für Person, in die Haupthandlung hineingeholt. Jo Zenker war der Letzte. Wir wollten nämlich rein theoretisch endlich einen Bundeswehrsoldaten vorstellen, haben aber damit einen dramaturgischen Fehler gemacht: Bundeswehr lässt sich nämlich nicht erzählen, weil die Leute nicht zu Hause sind, und die *Lindenstraße* spielt nun mal zu Hause. Wir haben dann gesagt, okay, er kann Urlaub haben, kann abends kommen, wir setzen ihn in München in die Pionierkaserne oder was auch immer. Aber das war sehr schwer zu erzählen.«

Ab und zu kommt Jo also nach Hause, am Wochenende, auf Urlaub zu seiner Familie. Die Familie, das sind zwei Schwestern im schönsten Teenageralter: die kesse Iffi mit der großen Klappe, die nicht müde wird, sich die unmöglichsten Streiche auszudenken, und Valerie, genannt Walze, weil sie ziemlich gut beieinander ist. Walze nimmt sich alle Probleme, die unsere Gesellschaft zu bieten hat, sehr zu Herzen: die faschistische Vergangenheit, die Kriege, die Gewalt. Und dann ist da der Vater Andy, ein Macho, wie ihn Nachbarin Gabi bezeichnet, als sie noch nicht seine Geliebte ist. Als Vater fällt er ein wenig aus dem gewohnten Rahmen. Allein mit seinen zwei Töchtern, hat er sie dazu erzogen, im Haushalt genauso Verantwortung zu übernehmen wie er; die Aufgaben sind verteilt wie in einer WG: Küchendienst, Putzdienst, Einkaufen und so weiter. Andy fährt Taxi, selbstständig, da hat er natürlich nicht so viel Zeit für die Mädchen, und das ist nicht immer gut. Denn sie sind in einem Alter, wo sie jemanden brauchen, einen Vater vor allem, oder zumindest jemanden, der ihnen zuhört. Viele Probleme erzählen sie deshalb Jo, der ist nett und kann auch zuhören.

Aber als Jo sich entschließt, für acht Jahre zur Bundeswehr zu gehen, flippt Walze erst mal aus. Sie engagiert sich gegen den Krieg – und Jo wird Soldat. Zur Versöhnung schenkt sie dem Bruder ein T-Shirt, mit dem Aufdruck eines zerbrochenen Gewehrs. Jo will zum Bund, weil er fliegen will, aber auch weil er glaubt, auf diese Weise zur Sicherheit in Europa beizutragen. Angedeutet wird die Diskussion um Sinn und Zweck der Bundeswehr, die Diskussion darum, ob es so etwas wie eine Verteidigungsarmee gibt oder ob Armeen dazu da sind, irgendwann einmal Angreifer zu werden. Sind Soldaten potenzielle Mörder?

Jo hat einen Traum vom Fliegen, deswegen geht er zum Bund ...

»Wir hatten es bei der Figur nicht darauf angelegt, eine Kritik an der Institution Bundeswehr zu üben«, beschreibt Geissendörfer die Rolle. »Wir wollten das durchaus neutral zeigen, aber auch in einem positiven Licht, das heißt, wenn einer meint, er muss das tun, dann soll er etwas Gescheites daraus machen, soll er sich über die Bundeswehr meinethalben einen Traum erfüllen. Aber der langfristige Auftrag wäre gewesen, dass Jo anfängt, daran zu zweifeln. Um sich nämlich seinen Traum erfüllen zu können, hätte er bestimmte Dinge akzeptieren müssen, die ihn aber nach längerem Nachdenken und in der Praxis gestört hätten und die er vor seinem Gewissen nicht hätte verantworten können. Das war der eigentliche Plot, der ist aber nicht erzählt worden, weil Til vorher raus ist.«

Alltagsthemen, soziale Konflikte, die der Zuschauer aus seinem eigenen, dem ›wirklichen‹ Leben kennt und die so erzählt werden, dass es den einen oder anderen zum Nachdenken anregt. Es soll geliebt, gelacht, geweint und getrauert werden, und es sollen Probleme zur Sprache kommen, die das Bild unserer Gesellschaft prägen und die in unterschiedlicher Weise Einfluss nehmen auf das Leben des Einzelnen. Dazu gehören Themen wie Aids, Ausländerfeindlichkeit und Drogen genauso wie Eheprobleme, Generationskonflikte und Kriminalität. Bis zum Auftauchen von Jo Zenker in der *Lindenstraße* gab es schon einiges an Katastrophen und Schicksalsschlägen: die tragischen Unfälle von Nossek, der beim ersten Mal das Augenlicht verliert und beim zweiten Mal den Tod findet, schließlich der Aids-Tod von Benno Zimmermann. Mit dem Auftauchen von Elena Sarikakis' kriminellem Bruder kommen neue Aufregungen in die friedliche Idylle von München-Bocklemünd: Handel mit schwarzen Waren, auf Vasily und Beate lastet schwer ein Unfall mit Fahrerflucht, dessen Opfer ausgerechnet Dr. Dressler ist, mit dem Beates Mutter verheiratet ist, und dieser Dr. Dressler bleibt gelähmt, an den Rollstuhl gefesselt.

Aber es endet nicht immer ganz so tragisch, manchmal

... und verliebt sich in die Freundin seines Vaters (mit Andrea Spatzek)

geht es auch um sehr einfache Gefühle, die jedoch zu ganz tiefen Verwicklungen führen können. So wie die Gefühle von Jo Zenker für Gabi. Ausgerechnet in die Freundin seines Vaters verliebt er sich. »Du hast so eine selbstverständliche Art«, sagt er bewundernd, und wenn sie so dasitzen auf dem Sofa, in ihren Nachtklamotten, miteinander sehr gefühlvoll und sensibel über die Schwester reden, da funkt es schon ein bisschen bei ihm, und die Stimmung ist – zumindest von seiner Seite aus – betreten. Und als Jo immer schlechter aussieht, ständig über Kopfschmerzen klagt, da fragt ausgerechnet Gabi sich, ob er Liebeskummer hat. Jo leidet still vor sich hin und hofft, dass Gabi etwas merkt.

Til Schweiger bekommt die Chance, der Figur mehr Tiefe, mehr Profil zu geben. Wenn er als Jo krank vor Liebeskummer im Bett liegt, wenn Gabi kommt, mit ihm reden will und er kein Wort herausbekommt. Wenn er durch die Wohnung schleicht, mit gequältem Gesichtsausdruck Löcher in die Luft schaut. Oder wenn er nach seinem langen ›Leiden‹ ausrastet, als er erfährt, dass sein Vater Gabi betrügt. Gabi, die sich für die Familie aufopfert, weil Andy keinen Führerschein mehr hat, den er wegen Alkohol am Steuer verloren hat. Gabi schafft das Geld heran, legt sich krumm, wenn sie tagsüber in der Bäckerei jobbt und abends Taxi fährt. Die Trennung ist dann nur eine Frage von wenigen Tagen. Jo sagt's auch den Mädchen, »die können nicht früh genug erfahren, dass es Typen wie dich gibt, von denen man die Finger lassen sollte«, fährt er seinen Vater an.

Til Schweiger alias Jo Zenker, ein netter, ehrlicher junger Mann? So wirkt er jedenfalls und wird so etwas wie ein Publikumsliebling. Jo/Til ist einer, den die Mädchen gerne zum Freund und die Mütter gerne zum Schwiegersohn hätten. Wenn es nach den Fans ginge, würden sie gerne mehr von Jo in der *Lindenstraße* sehen. Als Andy sich nach Spanien absetzt, möchte Jo Gabi helfen, für sie da sein, sie lieben, doch seine Gefühle prallen ab. Gabi nimmt es nicht wahr. Und dann kommt die Entscheidung, die Entscheidung auszuziehen: »Ich ziehe aus, Gabi.« – »So plötzlich?«,

Jo leidet an der unerfüllten Liebe (Til Schweiger und Andrea Spatzek)

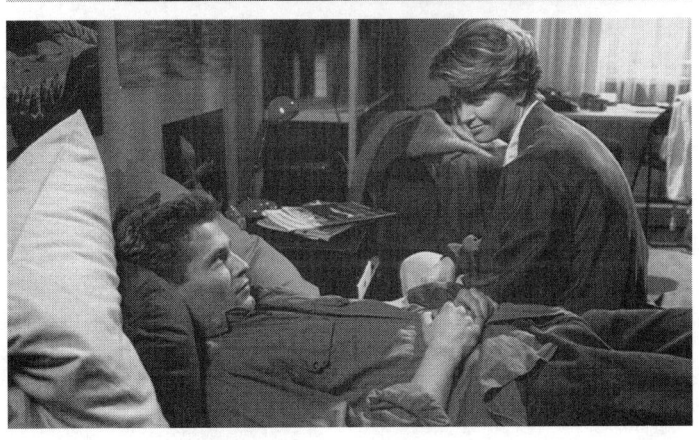

fragt sie erstaunt. »Warum denn?« – »Weil ich dich liebe!« Til Schweiger hätte nicht so lange mit einer Erklärung gewartet, sagt er: »Ich könnte diesen Zustand der Ungewissheit nicht ertragen.«

Jetzt, am Ende, kurz bevor Til Schweiger aussteigt aus der *Lindenstraße*, hat die Figur des Jo Zenker ihre eigene Geschichte bekommen, genau das, was Til sich früher gewünscht hatte. Jo ist nicht mehr nur der nette liebe große Bruder, sondern hat eigene Sorgen: Er ist aus der Bundeswehr geflogen, er kann seine Liebe nicht mehr verheimlichen, und er ist entschlossen, die Familie zu verlassen. Die Darstellung bekommt etwas Gebrochenes, Trauriges, die Augen sind voller Tränen, doch die Haltung drückt Entschlossenheit aus: Unerfüllte Liebe, unerwiderte Gefühle, es tut weh, Gabi zu verlassen, es fällt verdammt schwer, die Schwestern allein zu lassen, aber er weiß, dass es besser ist, wenn er geht.

»Die Zusammenarbeit wurde ohne irgendeine Bösartigkeit, ohne irgendeinen Konflikt aufgelöst«, erzählt Geissendörfer. »Bernd Eichinger hat irgendwann wegen *Manta, Manta* angeklopft. Eichinger und ich sind alte Bekannte, wenn nicht Freunde. Auf-und-ab-Freundschaften, wie sie in der Branche üblich sind. Eichinger meinte, das ist doch ein knackiger Junge, ein gutes Gesicht, ein interessanter, guter Typ, mit dem man mal einen Film machen kann. Das haben wir natürlich ermöglicht, wie für jeden anderen auch. Und dann – nach *Manta, Manta* – kam Til selber und sagte: ›Mensch Hans, der Eichinger gibt mir da eine Chance, er will mich fördern und unter seine Fittiche nehmen, ich will raus.‹ Natürlich war er auch skeptisch, aber er wollte etwas anderes probieren. Wenn es da eine echte Chance gibt, die den Schauspieler mehr interessiert, hat es keinen Zweck, so jemanden mit unzufriedenem Gesicht den Vertrag erfüllen zu lassen.«

»Mein Abschied aus der *Lindenstraße* fällt mir nicht leicht«, hieß es in der damaligen Presseerklärung von Til Schweiger. »Ich bin wehmütig und ein wenig traurig. Auch

Tils Frau Dana ist zwei Episoden lang Gast in der ›Lindenstraße‹ (Dana Carlsen/Marie-Luise Marjan)

das Team wird mir fehlen.« Das ist das Sympathische an ihm: Nicht ein einziges Mal hat Til irgendetwas von Reue gesagt oder auf die *Lindenstraße* geflucht. Auch seiner Frau Dana vermittelt Til Jahre später eine kleine Rolle in der Serie; als Amerikanerin ist sie die verschollene Tochter vom neuen Mann der Mutter Beimer, die ausgerechnet zur Hochzeit auftaucht. Aber die Rolle für Dana wird nicht weiter ausgebaut. Erst ziehen sich die Verhandlungen hin, und dann kommt auch schon bald das erste Kind.

Wenn Til aussteigt aus der *Lindenstraße*, dann weil er Chancen nutzen will, seinen Weg gehen und ein Stückchen auf die Realisierung seiner Träume hinarbeiten – Träume wie zum Beispiel einmal nach Amerika zu gehen und einen »richtig großen, guten Film zu drehen«. Aber er hat Geduld und sagt: »Wenn meine Träume nicht in Erfüllung gehen sollten, nehme ich mir auch keinen Strick.« Zunächst aber gehen sie tatsächlich in Erfüllung, wer hätte das gedacht? Kurz, aber nicht schmerzlos ist dann sein Abschied aus der

Zum Abschied noch ein Mantafahrerwitz für Jos Schwester (Rebecca Siemoneit Barum/Til Schweiger/Nadine Spruß)

Lindenstraße: »Was sagt ein Manta-Fahrer, als er gegen einen Baum gefahren ist? ›Ich habe doch gehupt.‹« Ein kleiner Witz, den Jo Zenker zum Abschied erzählt, um die Schwestern Iffi und Valerie zu trösten. Ein kleiner ironischer Seitenhieb auf die *Manta, Manta*-Karriere, für die er von den Kollegen bei der *Lindenstraße* schon ein bisschen gehänselt wurde. »Den Witz haben wir ihm zum Abschied mitgegeben«, erzählt Geissendörfer. »In der Story ist Til dann nach Aachen zu einem Freund gegangen, weil er ja der Liebe zu Gabi entgehen musste. Im wirklichen Leben ist er ins große Geschäft.«

Träume von schnellen Autos, Box-Erfolgen und schnulzigen Schlagerparaden

Til Schweiger am Set von *Knockin' on Heaven's Door:* Er trägt eine dunkelblaue Bomberjacke, auf dem Rücken prangt unübersehbar Manta, Manta!! Glücksbringer? Aberglaube? Fetisch? Immerhin ist *Manta, Manta* sein erster Kinofilm. Über eine Million Zuschauer haben ihn gesehen, und das ist Anfang der neunziger Jahre sehr viel für einen deutschen Film. Auf weitere Filmangebote musste der Schauspieler allerdings einige Zeit warten; ein Jahr lang stand das Telefon still, wie Til lachend erzählt. Wenn er heute die Mantajacke zu Dreharbeiten anzieht, dann zeigt das, dass er zu jedem seiner Schritte steht und ohne späte Reue auf vergangene Arbeiten zurückschaut; für ihn hat jede Rolle, die er gespielt hat, ihre Berechtigung auf dem Weg, den er gegangen ist.

Ein erster großer Kinoerfolg mit »Manta, Manta«

Til Schweiger ist Bertie, und Bertie ist der schnellste unter den Mantafahrern in seiner Stadt. Gerade hat er mal wieder einen Benz versägt und lässt sich auf eine Rennwette mit dem Fahrer ein, bei der er seine ganzen Ersparnisse einsetzt. Freundin Uschi tobt – kein Wunder, sie wartet schließlich sehnsüchtig darauf, endlich mit Bertie in die eigenen vier Wände zu ziehen. Uschi ist Friseuse, klar, denn schließlich weiß jeder, warum Mantafahrer nur Montags beerdigt werden: Da haben die Friseusen frei, ha ha. Uschi ist es leid, morgens bei Bertie aus dem Fenster zu steigen, damit seine katholische Mutter nichts merkt. Aber Bertie lässt sich nicht von seiner Wette abbringen, schließlich hat er ›einen Ruf zu verlieren‹.

Mantafahrer Bertie und seine blonde Friseuse (Til Schweiger/Tina Ruland)

Regisseur Wolfgang Büld greift Vorurteile auf und überzieht sie: Alle Mantafahrer sind doof und tragen ein Goldkettchen, ihre Freundinnen sind blond und Friseuse; als richtiger Mann fühlen sie sich nur dann, wenn sie hinter dem Steuer ihrer heißen Kiste, dem Manta, sitzen. Der Manta, der muss tiefer gelegt sein, einen auffälligen Heckspoiler und an der Antenne einen Fuchsschwanz haben, die Stereoanlage muss überdimensional und vor allem laut sein – so das gängige Bild. Regisseur Büld persifliert die Story vom ewig dummen Mantafahrer und zeigt, dass die, die über ihn lachen, mindestens genauso engstirnig sind. Büld gibt den Leuten genau das, was sie sehen wollen: Mantafahrer, die nichts im Kopf, dafür aber umso mehr PS und Frauen haben, wobei Letztere sich den ganzen Tag lang mit nichts anderem beschäftigen als damit, wie sie ihrem Liebsten oder auch anderen gefallen können. Der Film bedient alle Klischees und reißt einen Mantafahrer-Witz nach demselben in Wort und Bild.

»Was bleibt übrig, wenn ein Mantafahrer verbrennt? Ein Goldkettchen und eine heulende Friseuse.« Anfang der neunziger Jahre war die große Zeit der Mantafahrer-Witze; irgendwie funktionieren sie immer, die »Sind die blöd, ey«-Witze; Ostfriesen, Mantafahrer, Blondinen geben sich Pointen in die Hand, und alle lachen mit – am meisten diejenigen, die Gegenstand der Gags sind. So hatte man bei der Premiere von *Manta, Manta* in Bochum den Eindruck, bei einem dieser legendären Mantatreffen zu sein. Vor dem Kino reihte sich ein aufgemotzter Wagen an den anderen, und der schönste, der auffälligste wurde prämiert. Diese Autotreffen gibt es auch heute noch, und es wird sie wahrscheinlich immer geben. Der Manta, das ist so etwas wie eine Legende im Pott; heute erzählt man zwar keine Mantafahrer-Witze mehr (dieselben Plots kriegen jetzt die Blondinen ab), aber das Image und die Identifikation über den Wagen, das funktioniert noch wie eh und je.

Nicht ohne meinen Manta … Regisseur Büld klärt Vorurteile auf

»Was ist dir wichtiger, dein Manta oder ich?«, lautet die Gretchenfrage, die Uschi wütend an Bertie richtet. »Der Manta macht wenigstens nicht solche Zicken wie du«, ist die ehrliche Antwort. Na ja, was so ein richtiger Mantafahrer ist … Aber im Grunde ist Bertie gar nicht so hart, wie er tut, eigentlich ist er ein netter, lieber Kerl. Til Schweiger gibt seinen Worten jenen trotzigen Unterton, der dafür sorgt, dass ihm keiner den harten Kerl wirklich glauben kann, Kinn nach vorne, Augen auf den Boden gerichtet.

Uschi flirtet trotzig mit dem Diskobesitzer, um es ihrem Bertie zu zeigen. Dem reicht es dann auch bald: »Mach doch, was du willst«, faucht er die Freundin an, aber weh tut's ihm schon, das spürt man, und das sieht man an seinem Blick, den er traurig nach unten senkt. Ganz schön blöd findet er die Situation, und eigentlich ist ihm die Freundin totaaaal wichtig, aber er kann eben nicht aus seiner Haut, jetzt, kurz vor dem Rennen, das für ihn so unendlich wichtig ist. Mantafahrer-Ehre, versteht sich.

Aber dann fährt Bertie dieses wichtige Rennen gar nicht. Frustriert über den Flirt seiner Freundin, betrinkt er sich

Uschi (Tina Ruland) ist sauer und flirtet mit dem Diskobesitzer

Aber Mantafahrer und Friseusen kommen doch noch zusammen

maßlos; Uschi kann ihn gerade noch davon abhalten, in den Wagen zu steigen: »Wir brauchen dich«, sagt sie theatralisch und meint dabei sich selbst und das Baby, denn Uschi ist schwanger. »Ich werde Vater!« – Die Freude ist echt. Nur das mit dem Manta, das könnte zum Problem werden: »Meinst du, man kriegt hier einen Kindersitz eingebaut, oder soll ich mir jetzt so einen Pampers-Bomber kaufen?«, ist Berties ganze Sorge.

Mantafahrer sind keine Wilden, sie geben nur unheimlich Gas, wenn sie hinterm Steuer sitzen, und nennen es Freiheit, wenn sie auf der Autobahn im Rudel auftreten, die anderen Autos wegkicken und gefährliche Straßenrennen inszenieren, aber davon redet hier keiner. Sie riskieren einfach eine große Klappe, solange sie ihr Auto in der Nähe haben, machen aber sonst, was Muttern ihnen aufträgt, und träumen ganz brave Träume, von einer Familie mit Kindern, von einer Wohnung mit eigenen Möbeln. Til Schweiger alias Bertie schwitzt Blut und Wasser, als sein Freund in der Werkstatt, in der er arbeitet, einen anderen Motor ›aus-

Mantafahrer sind keine Rebellen (Stefan Gebelhoff/Til Schweiger)

leiht‹. »So etwas macht man doch nicht«, stottert er fassungslos, »ich klau doch keinen Motor.« Nein, Mantafahrer sind keine Rebellen, sie träumen nur schnelle Träume.

»Wenn du in einem richtigen Schlitten durch die Stadt fährst, die Fenster runter, die Anlage voll aufgedreht, das ist mehr als Auto fahren. Das ist total geil, das ist ein Gefühl von Freiheit«, findet Bertie. Es gibt zwar ein Hasenfußrennen, aber nichts erinnert wirklich an James Dean und *Denn sie wissen nicht, was sie tun.* Mut zeigen, hinterm Steuer nicht versagen, das wirkt hier wie Autokino am Wochenende, es ist ein Mittel gegen die Langeweile, gegen die Eintönigkeit. Aber es hat nichts von jener existenziellen Notwendigkeit, wie sie die amerikanischen Helden der fünfziger Jahre empfunden haben. Gewinnen oder verlieren war der Ausdruck des Lebensgefühls einer ganzen Generation, Spiegel für tief sitzende Ängste und Nöte, der Schrei nach Freiheit, nach Leben. Gewinnen oder verlieren

Rechte Seite: Boxen wie im richtigen Leben

36

37

im deutschen Ruhrgebiet der neunziger Jahre, das kratzt am Ego, mehr nicht.

Manta, Manta war für Til Schweiger der erste Kinofilm – und ein Publikumserfolg, das kann man nicht anders sagen. Das war noch während seiner Zeit bei der *Lindenstraße*. Bernd Eichinger sagte ihm damals eine große internationale Karriere voraus. »Ich habe mich natürlich sehr geehrt gefühlt und mich wirklich darüber gefreut, aber wenn ich das wirklich geglaubt hätte, dann wäre ich wahnsinnig geworden, weil sich ja ein Jahr lang niemand gemeldet hat. Ich bin aber nie verzweifelt, sondern habe wieder Theater gespielt, habe synchronisiert, und irgendwann habe ich den Vorschlag für die Rolle in *Ebbies Bluff* bekommen. Der Film hat mich interessiert, und ich habe die Chance genutzt.«

Boxen wie im richtigen Leben: ›Ebbies Bluff‹

Autos kommen vom Fließband, Fördertürme kippen langsam um, eine beinahe futuristisch wirkende Landschaft bestimmt die Szenerie, karg und grau. Mitten in dieser Gegend wird Ebbie (dargestellt von Heiner Lauterbach) von Ganoven angehalten, denen er Geld schuldet. Sprüche werden hin und her geschoben, Drohungen ausgesprochen, es wird besänftigt und vertröstet: »Ihr bekommt eurer Geld, ganz sicher, ich habe da was am Laufen, einen Boxkampf, kann gar nichts schiefgehen«, beteuert Ebbie, und man spürt nur zu genau, wie hilflos und verlogen das Versprechen ist.

Eine Zeche, irgendwo im Ruhrgebiet, die Atmosphäre ist herrlich prollig, billig, schmierig. Genauso schmierig wie eben jener Ebbie, der da gerade die Gangster besänftigt hat und nun beruhigend auf Rudy einredet. Ebbie ist Rudys Manager, und Rudy ist Amateurboxer, der Lokalmatador aus Bochum. Zum Kampf bereit steht er da, die Fans jubeln. Sein Gegner ist ›The King‹, gegen den Rudy allerdings irgendwie verloren wirkt; trotzdem: einmal kurz den stählernen Body in Pose gebracht, und man muss schließ-

Der Amateurboxer gegen »the King«

lich zugeben, dass Til einiges an Muskelkraft zu bieten hat.
»Da war ich echt in der Form meines Lebens«, erzählt er.
»Ich habe jeden Tag trainiert für den Film.« Außerdem
kommt ihm natürlich sein jahrelanges Boxtraining zugute.
Das scheinen auch andere Regisseure zu mögen; so darf er
einmal für *Die Kommissarin* boxen, und in dem Actionthriller *Adrenalin* sehen wir Til auch beim regelmäßigen
Boxtraining. In *Ebbies Bluff* ist er der kleine Boxer, der auf
den großen Durchbruch hofft. Aber Rudy wird umgehau-
en, ›knock out‹, er hat keine Chance gegen den stählernen
Schlag seines Gegners.
Nach dem Kampf kommt der Manager mit 500 Mark raus,
500 Mark für zwei. »Die Szene im Wagen, wenn die beiden
über das Geld sprechen, das ist eine meiner Lieblingssze-
nen«, erzählt Til. Die Verlegenheit von Ebbie, die Enttäu-

schung von Rudy werden spürbar, wenn die Kamera abwechselnd von einem zum anderen wandert und der Dialog sich sparsam um diese lächerlichen 500 Mark dreht: »Das sind 250 für jeden«, entsetzt sich Rudy. »250, mehr ist mein Schweiß und Blut nicht wert?«

»Die Zusammenarbeit mit Heiner war wirklich toll«, schwärmt Til noch heute. »Seit dem Film suchen wir immer nach etwas, wo wir beide mal wieder etwas zusammen machen könnten.« Zusammen kommen sie bisher aber nur ein weiteres Mal, in der deutschen Komödie *Das Superweib*, doch hier hat Til nur eine sehr kleine Rolle, und die beiden stehen noch nicht einmal gemeinsam vor der Kamera.

Rudy und Ebbie tingeln zunächst weiter durch die skurril

Til beim Boxtraining: »Da war ich echt in der Form meines Lebens«, erzählt er nicht ohne Stolz

Eine tolle Zusammenarbeit: Heiner Lauterbach und Til Schweiger

anmutende Atmosphäre des Ruhrgebiets. Das mit dem Boxjob war nichts, und Ebbie hat sich als denbar schlechter Boxmanager herausgestellt, aber er denkt nicht daran aufzugeben. Er ist einer von diesen wunderbaren Typen, die auch nach dem tausendsten Tiefschlag aufstehen und sagen, okay, probieren wir eben etwas Neues, die nie aufhören, an den durchschlagenden Erfolg einer ihrer vielen genialen Ideen zu glauben, obwohl man meinen könnte, die erfahrenen Niederlagen hätten sie klüger gemacht oder wenigstens vorsichtiger. Ebbie will Geld machen mit seinen Ideen, und Rudy ist der Macher, er fährt Eier aus, boxt sich durch mies bezahlte Kämpfe oder macht für ein paar Mark Musik mit einer dieser billigen Hausbands, die man für traurige Gesellschaften anmietet, damit sie noch traurigere Musik machen.

»Viele Lieben stimmen nicht, viele Lieben lügen nicht«, singt da ein superschnulziger Schlagerfuzzi: orangefarbenes T-Shirt, die Ärmel hochgerollt, weiße Jeans mit einem Schlag, der wirklich nur in den siebziger Jahren erfunden worden sein kann. Um den Hals ein Goldkettchen und in den Augen jenen verklärten Silberblick, den Schlager-

Schnulzen-Blick, der Frauen verführen soll und Männer zur Weißglut treibt, so will es die Schlagerszene. »Was ich seh in dein'm Gesicht große Lüge nur«, lautet der Text, »blond und ziemlich doof ist die Idee der Liebe …« Ziemlich doof wirkt auch der Typ auf der Bühne, der rüberkommt wie ein schlechter Elvis-Verschnitt oder eine herrliche Roy-Black-Imitation. Die wahllos aneinander gereihten Wortfetzen der Texte erinnern an Roberto Blanco, Rex Gildo, an die deutschen Schlager der siebziger Jahre, und sie machen den Nonsens all der ›wunderschönen‹ Liebeslieder deutlich. »Tränen lügen nicht, ich kann sie sehen, ich kann drin stehen, alles, was uns bleibt, ist Vergangenheit, du bist so nah bei mir.« So geht es weiter, der blonde Jüngling singt mit der Inbrunst der Überzeugung und einem wunderbar dämlichen Gesichtsausdruck auf einer dieser verlorenen deutschen Bühnen in einem der vielen herunterge-

Wunderbar: Til Schweiger als Schlagersänger

kommenen Tingeltangel-Clubs, wo niemand niemals sein Glück finden wird.

Til Schweiger in einer wirklich abgedrehten Szene, ironisch, kitschig und übertrieben. Als er mir am Telefon von der Szene erzählt, sehe ich ihn durchs Telefon in Los Angeles schmunzeln: »Die ist wirklich schräg«, sagt er, und als ich dann das Video vor mir habe, kann ich mir das Lachen nicht mehr verkneifen. Til hat nicht nur den Nagel auf den Kopf getroffen, wenn er von einer abgedrehten Szene spricht, sondern er kann auch über sich selber lachen.

Der Film hat viele solcher guten Ideen, schöne Ansätze, um Menschen zu zeigen mit ihrer Kaputtheit, mit ihren Träumen und mit ihrem alltäglichen Mut und Optimismus – und mit dem Spaß, den sie haben, bei all dem. Aber die Geschichte stockt zu oft, wirkt langatmig und inkonsequent. Dabei sind die Figuren wunderbar, Heiner Lauterbach gelingt eine Darstellung, die den schmierigen Charakter dieses Typen genauso herüberbringt wie seine Einsamkeit. Til Schweiger gibt Rudy die Ehrlichkeit und Naivität derer, die da verheizt werden sollen, der Stars in heruntergekommenen Manegen, die fest an das glauben, was sie tun, und die nur sehr langsam mitbekommen, wie aussichtslos ihr Erfolgsstreben ist. Ob als Boxer, als Schlagersänger oder als Ebbies Kumpel, Til Schweiger gibt jeder Facette der Figur einen eigenen Charme, den Charme der Verlorenen, der Verlierer.

Für die Rolle des Rudy in *Ebbies Bluff* hat Til Schweiger den Saarbrückener Max-Ophüls-Preis bekommen; auch wenn der Film heute eher in Vergessenheit geraten ist, ist der Preis sicher berechtigt.

Bewegende Männer und Superweiber: Die deutsche Komödie erobert das Kinopublikum

Stars, Sternchen und ein deutscher Kinoboom

Die Szenerie: Irgendein Kino in irgendeiner deutschen Stadt; ein roter Teppich wird ausgerollt, über dem Eingang prangt ein überdimensional großes Plakat, lächelnd schauen die Hauptdarsteller auf die Zuschauer hinunter. Ein paar Stunden später rollen teure Wagen an, der Star des Abends steigt aus, schreitet an den Fans vorbei, lächelt in die Kameras – eine Szene, wie wir sie aus einem glamourösen Holly-

Deutsche Stars, zumindest im Film ›Das Superweib‹ (E. Schweins, T. Heinze, Nebendarstellerin, Til Schweiger)

woodfilm kennen. Aber das hier ist deutsches Kino, ein deutscher Film mit deutschen Schauspielern und einem Publikum, das bereit ist, diese Schauspieler zu feiern.

Eine Szene, so märchenhaft, wie sie eigentlich nur das Kino erfinden kann. In seinem Film *Das Superweib* schafft Regisseur Sönke Wortmann 1996 diese Vision vom Erfolg und Ruhm deutscher Stars und persifliert diese Erfolgsgeschichte gleichzeitig: Im Grunde geht es in diesem Film, der auf dem gleichnamigen Roman von Hera Lind basiert, um eine junge Mutter (dargestellt von Veronica Ferres), die über Nacht zur Erfolgsautorin wird. Aber es geht eben auch darum, dass dieses Buch verfilmt werden soll, ausgerechnet vom Exehemann der frisch gebackenen Schriftstellerin, einem bekannten Regisseur mit dem schönen Namen Will Gross (Thomas Heinze).

Und schon sind wir im Kino. Da ist ein Regisseur, dem es nur um Erfolg geht, der einen Roman völlig umschreibt, um einen publikumswirksamen Film daraus zu machen, und der dabei über Leichen geht. Und da gibt es einen Schauspieler namens Hajo Haiermann, der als Star des deutschen Kinos gehandelt wird, ein oberflächlicher und arroganter Typ. Ein kritischer Fingerzeig darauf, wie marode die Filmszene sein kann. Til Schweiger ist Hajo Haiermann, eine kleine, wunderbar sarkastische Rolle: Ohne an einer Stelle zu dick aufzutragen, spielt er diesen Star mit seinen Allüren, seiner Arroganz und seinem unbeugsamen Selbstbewusstsein. Nonchalant und gelangweilt zugleich sitzt er bei der Probe. Es soll ein Text geübt werden, aber Hajo Haiermann scheint das nicht nötig zu haben; er gibt der unsicheren Partnerin lediglich die Stichworte und ersetzt den eigentlichen Text mit einem gelangweilten Blablabla. Ein müder Blick zum Regisseur des Films, der sagen will: ›Wie lange dauert das denn noch?‹ Til Schweiger spielt mit den Augenwinkeln, und die eingezogenen Schultern, die abweisende Haltung in Richtung Kamera sind sparsame Mittel, mit denen er die Abneigung des überheblichen Schauspielers gegen diese Situation ausdrückt.

Helmut Dietl: »Ohne Starsystem kann man keine Filme machen«

Die Rolle des arroganten Schauspielers ist ansonsten das krasse Gegenteil von dem, was Kollegen über Tils Verhalten am Set erzählen. Gerne werden sein Engagement und sein Arbeitseifer hervorgehoben, aber auch sein kollegiales Verhalten. So erzählt beispielsweise Heike Makatsch, eine seiner Partnerinnen in *Männerpension*: »Ich hatte zwar nur ganz wenige Szenen mit Til Schweiger, aber er war immer sehr nett zu mir und hat mir gesagt, wenn er etwas gut fand, was ich gemacht hatte.«

Wortmann weist in seinem Film *Das Superweib* aber auch darauf hin, dass in Deutschland Schauspieler gefeiert werden könnten. Schließlich sind es nun mal die Stars, mit denen sich der Zuschauer identifiziert. Helmut Dietl, einer der erfolgreichsten deutschen Regisseure, der mit Filmen

Leute wie Til Schweiger haben das Zeug zum Star

wie *Schtonk* und *Rossini – oder die mörderische Frage, wer mit wem schlief* die Filmlandschaft der neunziger Jahre wesentlich mitprägte, meint: »Ohne das Starsystem kann man keine Filme machen. Was wollen die Leute sehen? Einen Star, einen ganz bestimmten Menschen, ein Gesicht. In anderen Ländern werden die Schauspieler geliebt. Langsam kommt das auch bei uns, die Zuschauer möchten Schauspieler wie Til Schweiger, Jürgen Vogel, Katja Riemann, Veronica Ferres, Corinna Harfouch, Martina Gedeck sehen. Die haben alle das Zeug zum Star.«

Nicht nur die Macher sind bemüht, bei uns ein Starsystem aufzubauen, auch die Medien unterstützen das: In Zeitschriften und Magazinen, in Rundfunksendungen und im Fernsehen widmet man den Talenten des neuen deutschen Kinos Porträts und Interviews. »Zwar versuchen immer noch oft Journalisten genau das in ihren Artikeln zu verhindern«, bemerkt Til Schweiger, »aber viele schreiben, wir brauchen wieder Stars in Deutschland.«

Tatsächlich hat das deutsche Kino eine Vielzahl von Talenten zu bieten; es sind unterschiedliche Typen, Gesichter, die in Erinnerung bleiben und die der Zuschauer mit einem Namen verbindet, mit einem Film oder einer bestimmten Rolle. Stars werden aufgebaut, Schauspieler, um derentwillen die Menschen ins Kino gehen. »Natürlich rettet ein Star keinen schlechten Film«, betont Til Schweiger. »Die Leute gehen ins Kino, um Tom Cruise zu sehen, aber sie gehen auch in einen Film mit Tom Cruise und stellen fest, dass er nicht gut ist. Bei einem schlechten Film mit einem Star werden die Zuschauer trotzdem sagen, das interessiert uns nicht.«

Amerika, Frankreich, Italien machen es uns vor, und eigentlich müssten wir wissen, dass Kino auch anders funktionieren kann; dennoch haben es erfolgreiche Schauspieler in Deutschland immer noch besonders schwer. »Das gilt auch für Til Schweiger«, findet Detlev Buck, »deswegen muss er nach Amerika gehen. Er hat ja auch so ein Gesicht, das international verstanden wird. Wenn Til drüben entdeckt wird, dann hat er es hier viel einfacher. Denn nach so einer hochgepuschten Sache wie *Knockin'* wird er bei uns riesig eins auf die Fresse kriegen, weil Deutschland mit seinen Helden so ein Problem hat. Man geht mit denen ja nicht sehr nett um.«

»Das Publikum will keine Helden und sieht Idole am liebsten stürzen«, schreibt Rolf Giesen (in: Der Tagesspiegel, 23.11.94) unter der treffenden Überschrift »Germanen mögen keine Götter«. Aber nicht Götter sollen erschaffen werden, sondern Menschen aus Fleisch und Blut, die man bewundern und die man lieben kann – für ihr Spiel, für ihre Haltung, für die Geschichten, die sie erzählen. Es wäre zu wünschen, dass das Publikum anfängt, seine Kinohelden zu lieben, anstatt sie immer wieder vom Podest zu stoßen. Moderne Helden, Männer, die vielleicht mehr in der Nachfolge eines verletzlichen James Dean stehen als eines unbeugsamen John Wayne. »Ein James Dean funktioniert auch heute, ein nichtverstandener jugendlicher Revoluzzer wird immer verstanden, ob das Sean Penn ist oder Johnny Depp ist. Man hat aber heute eine andere Sichtweise als vor ein paar Jahren. Wenn einer nur distanziert ist und keiner kommt mehr an ihn ran, dann kann er nach Hause gehen. Es gibt natürlich Stars, die immer laufen – die, die einfach eine Wirkung haben auf der Leinwand, so wie Til eben auch«, meint Detlev Buck.

Als Sönke Wortmanns Film *Das Superweib* in den Kinos lief, befand sich die deutsche Komödie auf Erfolgskurs. Die Besucherzahlen wuchsen über die Millionengrenze, der Marktanteil der deutschen Filme im Kino – bislang bei uns verschwindend gering – stieg auf weit über zehn Prozent. Den überragenden Besuchererfolg von Filmen wie *Rossini* und *Knockin' on Heaven's Door,* die 1997 beide von mehr als drei Millionen Kinozuschauern gesehen wurden, konnte man jedoch noch nicht voraussehen.

Ende der neunziger Jahre boomt der deutsche Film. Eine junge Generation von Filmemachern, allen voran Sönke Wortmann und Detlev Buck, und »eine neue junge Klientel

Viel Spaß miteinander haben Detlev Buck ...
... Sönke Wortmann (mit Freundin Anja Hofmann) und das Kino-
publikum

im Zuschauerraum haben entdeckt, dass sie beide viel Spaß miteinander haben können«, schreibt Brigitte Desalm (in: Kölner Stadt-Anzeiger, 1/2.2.97). Ausnahmsweise sind sich diesmal alle einig: Der deutsche Film ist im Vormarsch; fast herrscht so etwas wie Wirtschaftswunderstimmung im Land, sobald es darum geht, eine deutsche Filmindustrie aufzubauen. Es geht um ›richtiges Geld‹, um richtige Gewinne, die mit dem deutschen Film zu erzielen sind.

Dabei spielt das Fernsehen eine wichtige Rolle. Schon seit dem Film- und Fernsehabkommen von 1974 produzierten Fernsehanstalten Kinofilme mit; auch gab es immer wieder Fernsehproduktionen, die bei Filmfestivals in Hof oder München einen so großen Besucherzustrom hatten, dass ein Kinoerfolg abzusehen war. In einigen Fällen wie bei Dominik Grafs *Tiger, Löwe, Panther* oder Rainer Kaufmanns *Stadtgespräch* entschieden sich die Fernsehanstalten, die Ausstrahlung zu verschieben, um den Filmen zuerst im Kino eine Chance zu geben.

Das Film- und Fernsehabkommen vom November 1974 – es wird seit dieser Zeit regelmäßig verlängert – bedeutet eine Verpflichtung von ARD und ZDF, in Produktionen zu investieren, die im Kino starten und nach zwei Jahren im Fernsehen ausgestrahlt werden können. Dadurch hatten die Fernsehanstalten so etwas wie ein Monopol auf die Kinoproduktionen. Nach dem dritten Film- und Fernsehabkommen vom 10. November 1983 investierten die beiden Sender mindestens 36 Millionen DM in Spielfilmvorhaben. Für das Kino indes war das nur eine halbe Hilfe: Zwar gab es finanzielle Unterstützung, doch mussten die Projekte für den Fernsehschirm tauglich sein. Damals hätte es beispielsweise ein Cinemascope-Film wie *Knockin' on Heaven's Door* schwer gehabt, mit Fernsehgeldern realisiert zu werden. Doch seit den neuen Kinoerfolgen ändert sich die Lage.

Seit einiger Zeit haben auch private Fernsehsender erkannt, dass die Investition in Kinofilme gewinnträchtig sein kann. So kam *Rohe Ostern*, von RTL2 produziert, nach der Aufführung in Hof erst einmal ins Kino, und Pro7 beispielsweise ist Koproduzent des Kinofilms *Bandits*. Allerdings wehren sich die Privatsender noch vehement gegen ähnliche Verpflichtungen wie die öffentlich-rechtlichen Anstalten, das heißt sich beim Film- und Fernsehabkommen zu beteiligen und eine Verpflichtung zu einer Mindestproduktion einzugehen.

Mit Hilfe der Komödien hätte man das Vertrauen der potenziellen Kinozuschauer in den deutschen Film wiedergewonnen, argumentieren viele. Besonders die Beziehungskomödie ist erfolgversprechend, und seit dem durchschlagenden Erfolg von Doris Dörries *Männer* scheint die Beziehung zwischen Mann und Frau oder Mann und Mann im Mittelpunkt deutscher Fröhlichkeit zu stehen. *Abgeschminkt, Stadtgespräch, Irren ist männlich, Das Superweib* und *Der bewegte Mann* zeugen vom neuen Boom und machen zugleich deutlich, wie unterschiedlich man ›Beziehungskisten‹ thematisieren kann. So manch einer weist nicht ohne Grund auf die Gefahren hin, die vom neuen deutschen Supertrend ausgehen. Der Erfolg kann zu einer einfachen Rechnung verführen, unter der die Kinoqualität zu leiden hat: Einmal Erfolg mit deutschen Komödien = immer Erfolg mit Komödien. Dabei verkommt vieles zur Klamotte; oberflächlicher Klamauk tritt an die Stelle einer gefühl- und humorvollen Inszenierung menschlicher Schwächen.

»Die Existenz der Komödie beruht auf den drei Tatsachen, dass der Mensch und seine Welt unvollkommen sind, dass der Mensch dies weiß und dass der Mensch mit diesem Wissen konfrontiert sein will, jedoch ungern in einer Weise, die ihn betroffen macht«, definiert Buchers Enzyklopädie des Films die Komödie und meint den authentischen Umgang mit den kleinen und großen ›Fehlern‹ der Menschen. Wir lachen, weil der Mann auf der Bananenschale ausrutscht, wir lachen, weil jeder diese Situation kennt, weil sie jedem passieren kann. Lachen muss sich nicht gegen den anderen Menschen richten, es kann ein Zeichen der Verbundenheit sein, und trotzdem denkt man: ›Wie gut, dass es mir nicht passiert ist!‹ Wir lachen über den ›bewegten Mann‹, der von seiner Freundin dabei erwischt wird, wie er – ausgerechnet auf dem Damenklo – einen kleinen Seitensprung einlegt, wir lachen, weil wir ähnliche Situationen kennen, uns vielleicht für schlauer halten, aber auch, weil genau solche Dinge passieren, weil es genau so ist in unserer Welt.

Tatsächlich scheint es so zu sein, dass die Beziehung zwischen Mann und Frau das Unvollkommenste ist, was unsere Gesellschaft zu bieten hat. Natürlich will das Kinopublikum immer wieder auf diese Tatsache aufmerksam gemacht werden, aber mit Humor, wenn es geht. Keine

Beziehungsdiskussionen, keine Zerwürfnisse oder psycho-logisierenden Dialoge, keine Gefühlsdramen. Das kann zur Oberflächlichkeit verkommen, dann spielt die Liebe in einer Welt, die weder Sehnsüchte weckt noch wirklich berührt, dann lachen wir, ohne uns gefühlsmäßig mit den Figuren identifizieren zu können.

Das kann aber auch wunderbar sein, wie dann, wenn der homosexuelle Norbert (Joachim Król) in *Der bewegte Mann* vor Sehnsucht nach dem heterosexuellen Axel (Til Schweiger) zerschmilzt, wenn dieser davon nichts merkt und sich weiterhin so verhält, als sei nichts dabei, wenn er sich beispielsweise vor Norbert auszieht. Leicht und sensi-bel werden Gefühle angedeutet, wird von der Liebe er-zählt, von ihren tausend Formen, von denen keine besser oder schlechter ist. Auch wenn man nicht genau dieselbe Situation erfahren hat, die da auf der Leinwand vorgelebt wird, so kennt jeder das Gefühl, dieses Hin- und Hergeris-sensein zwischen Freundschaft und Leidenschaft. Deshalb kann jeder lachen, nicht über die Personen, sondern mit ihnen.

So wie mit dem Mann in der deutschen Beziehungskomö-die? Der muss sich nicht immer so super ernst nehmen, darf als Mann mal über sich lachen und kann auch dann noch schmunzeln, wenn andere sich über ihn amüsieren. Gerade Til Schweiger gibt seiner Darstellung oftmals eine ganz eigene Mischung von Ernst und Humor: Er kann männlich wirken und ebenso seine ach so männlichen Stär-ken und Schwächen mit viel Charme belächeln.

Bewegend, männlich, charmant: »Der bewegte Mann«

Gigolo, schöner Gigolo, armer Gigolo: Von der Freundin vor die Tür gesetzt wegen eines Seitensprungs, ohne Woh-nung, ohne Zufluchtsort wankt Axel einsam durch Kölns Straßen. Seine Verflossenen scheinen alle nicht gerade ent-zückt über seine Wiederkehr, und so findet er kein Bett für die Nacht. Til Schweiger ist Axel, und Axel ist ein moderner junger Mann, einer mit Gefühl, einer der gut aussieht, der den Frauen mit Vergnügen mal den Kopf verdreht, aber irgendwie doch auf Familie steht. Kein ›Weichei‹, aber auch kein harter Kerl, ein sanfter Macho, zärtlich; ein Gigolo, der mit der Liebe spielt, aber gerne den sicheren Herd als Rückhalt hat.

Seine Rolle in *Der bewegte Mann* bringt Til Schweiger den Ruf eines neuen deutschen männlichen Sexsymbols ein. Immer wieder wird jene berühmt-berüchtigte Forsa-Umfrage zitiert, nach der 54 Prozent aller deutscher Frauen mit ihm ins Bett wollen. »Am Anfang hat es mich genervt«, gibt Til zu, »das heißt, erst mal war ich stolz, dann habe ich mich geärgert, weil es ja kontraproduktiv zu dem ist, was

Schöner armer Gigolo alleine in der Großstadt

ich will, nämlich als Schauspieler ernst genommen werden und nicht als Sexsymbol. Aber dann habe ich mich damit arrangiert. Vorher hatte ich in jedem Interview versucht, mich um Kopf und Kragen zu reden, von wegen, nein, das Image hat mit mir nichts zu tun … Aber im Endeffekt habe ich durch dieses Image unter anderem erreicht, dass ich *Knockin'* produzieren konnte, wo mein Herz dran hängt. Ich finde das Image also weder toll noch nervend, und meine Frau Dana lacht mich sowieso aus, wenn ich ihr versuche zu erzählen, dass sie mit einem Sexsymbol verheiratet ist.«

Woher kommt das Interesse, mag man sich fragen. Natürlich gibt es da dieses Bild, auf dem Til Schweiger als Axel in verführerischer Pose und splitternackt in die Kamera lächelt (»Ich wollte den Selbstauslöser ausprobieren«, erklärt er Norbert ein wenig verlegen), und natürlich gibt es denselben Til Schweiger in dieser unvergesslichen Szene, in der er nackt auf einem Fünfziger-Jahre-Nierentisch hockt. Doch woran liegt es, dass die Medien ein so hartnäckiges Interesse an dem ›nackten Til Schweiger‹ entwickeln? Man ist es sicher nicht gewohnt, dass ein Mann sich in solchen ›beinahe anrüchigen‹ Posen darstellt – Posen, die im Kino eher den weiblichen Darstellern vorbehalten waren. Denn verführerische Ausstrahlung wird schon immer ganz bewusst eingesetzt im Kino, und Hollywood hat ganze Mythen körperlicher Sinnlichkeit produziert. Interessant: Kaum wagt es ein Mann, mit dem eigenen Körper und mit seiner Wirkung zu spielen, sie bewusst einzusetzen, schon handelt er sich den Ruf eines Sexsymbols ein. Dabei hat Kino sehr viel mit Verführung zu tun, mit dem Spiel des Körpers, der Ausstrahlung von Personen, von Männern und Frauen.

Es sind die Momente eines einzigen Augenaufschlags, eines Zuzwinkerns, eines Lächelns – ein Flirt zwischen dem Leinwandhelden und dem Zuschauer, der da im schützenden Dunkel des Zuschauerraums seine ganz eigene Geschichte mit den Figuren erlebt.

Til geizt nicht mit seinen Reizen

Schöner Gigolo, armer Gigolo: Als Axel seiner Exfreundin Doro (dargestellt von Katja Riemann) einen Tag nach dem Eklat gegenübersteht, sieht er zwar ziemlich zerknirscht aus, wirkt aber weniger wie einer, der versteht, dass er einem anderen Menschen weh getan hat, denn wie ein junger Mann, der unzufrieden ist über die Lage, in die er da geraten ist.

Axel sucht eine Bleibe und gerät an Walter alias Waltraud. Waltraud ist homosexuell und ganz hingerissen von Axel. ›Sie‹ bietet Axel nicht nur ein Bett an, sondern lädt ihn auch zu einer Party ein. Selbstzufrieden lächelt Axel vor sich hin: »Na eben, es renkt sich doch alles wieder ein.« Die Party wird dann aber zum Spießrutenlauf: Die gesamte Kölner Schwulenszene scheint sich in den Hetero verguckt zu haben, der ganz unschuldig und ohne es zu bemerken im Muskelshirt Männerherzen höher schlagen lässt.

Als ihm schwant, dass Waltraud ihm nicht nur ein Bett anbietet, sondern sich doch ein wenig mehr erhofft, lehnt er dankend ab und übernachtet bei Norbert. Aus der einen Nacht werden mehrere Tage, und während Axel so etwas wie Männerfreundschaft pflegt, wird aus der anfänglichen Zuneigung, die Norbert empfindet, ein richtig tiefes Gefühl. Til Schweiger gibt seiner Darstellung einen ganz eigenen Charme, wenn er als Axel naiv darüber hinwegsieht, was Norbert für ihn empfindet, sich vor ihm auszieht, duschen geht und ihm sogar sein Tatoo kurz über der ›Bikinizone‹ zeigt.

Er ist mit sich und seiner Welt beschäftigt, sieht die Gefühle des anderen nicht, weil er unfähig ist, die Perspektive zu wechseln. Was nicht heißt, dass er keine Freundschaft empfindet und nicht bereit ist, Norbert zu helfen. Aber eben nur dann, wenn es seiner Sicht der Dinge entspricht. So legt er sich nachts auf die Lauer, um endlich herauszubekommen, wer immer Norberts Zeitung klaut; der wehrt sich nämlich nicht, lässt das einfach so geschehen. Axel regelt das mal eben, das kann er. Schöne Momente, in denen die beiden Freunde werden, unabhängig davon, was der eine

Ein Gigolo mit ausgeprägtem Familiensinn (Til Schweiger und Katja Riemann)

vom anderen will, denn Freundschaft gehört dazu – auch in der Liebe.

Aber nur Freundschaft pflegen ist schwierig, wenn man so verliebt ist wie Norbert und wenn man dann auch noch mit dem Objekt seiner Begierde auf dem Bett liegt: Dann kann man einen kleinen Verführungsversuch nur schwer unterlassen. Scheu, natürlich, ein sehr verliebter Mann, der es nur schwer erträgt, dem anderen nah zu sein, ohne wenigstens eine Annäherung zu versuchen. Król spielt das mit so viel Gefühl und echter Nähe – welcher Zuschauer wünscht da nicht, dass Axel es sich noch mal anders überlegt.

Tut er aber nicht, stattdessen versteckt er Norbert im Kleiderschrank, als Doro das Zimmer betritt. Als sie Norbert in seinem Versteck entdeckt, ist das Entsetzen erst mal groß. Doch nachdem Norbert dem Kleiderschrank entstiegen ist, sich betreten angezogen und sich mit diesem unvergesslichen »Ich geh dann wohl mal besser jetzt« verabschiedet hat, rückt Axel den Familiensegen wieder gerade. Doro verzeiht – immerhin ist sie schwanger –, und endlich können die beiden eine Familie gründen.

Die Freude über das Baby, die ist echt, man hat das Gefühl, das ist er, das ist Til Schweiger. Er gibt dieser Szene schon jetzt etwas von dem Familienvater, den er ein Jahr später im ›wirklichen Leben‹ spielen kann. Es ist dieser Ausdruck in den Augen, die auf einmal ganz weich werden, das gebrochene »Ich werde Vater«. Eine ganze Lawine von Gefühlen streicht sein Gesicht – Stolz, kindliche Freude, jungenhafter Charme. Vorfreude auf die zukünftige Vaterrolle. Ein Gigolo mit Familiensinn.

Aber nichts funktioniert in diesem Film nach dem Motto ›Ende gut, alles gut‹. Zwar findet die Hochzeit statt, und die Freude auf den Nachwuchs ist groß, doch provoziert Axel durch sein Verhalten noch eine Menge Verwicklungen, bevor es zum wirklichen Happy End kommt.

Nicht nur, dass er die Freundschaft zu Norbert radikal beendet, um Doros Ängste nicht zu schüren, er vernachlässigt auch Doro, und zwar im Bett, guckt sich ständig nach anderen Frauen um und verabredet sich zum heißen Rendezvous. Doro ahnt etwas, aber Axel besänftigt sie immer wieder. »Trotzdem, merkwürdig, dieser Blick«, sagt Doros Freundin (hervorragend: Martina Gedeck), und tatsächlich nutzt Til Schweiger die ganze Palette männlicher Ausdrucksmöglichkeiten: verführen, entschuldigen, schmunzeln, mit dem ganzen Gesicht, mit den Augen, den Wangen, den Lippen, der Nase, den Ohren, alles gehört dazu, und man hat den Eindruck, Schweiger nutzt jeden Winkel seines Gesichts, um das Manöver darzustellen, um sein Hin- und Hergerissensein sichtbar zu machen, das Ausloten zwischen seinen Bedürfnissen und dem schwierigen Unterfangen, sich nichts anmerken zu lassen.

Das gut geplante Stelldichein wird allerdings zum Desaster: Axel wird mit einem Spray verführt, das eigentlich nur für Zuchtbullen vorgesehen ist, angeblich aber auch beim menschlichen Wesen das Großhirn ausschaltet und nur noch die Triebe aufrechterhält. Der Erfolg ist, dass Axel in bekannter verzückter Pose splitternackt auf dem Wohnzimmertisch hockt und nicht mehr ansprechbar ist. Um das bestehende Chaos perfekt zu machen, platzt Doro herein, die ihren Liebsten in den Armen eines anderen Mannes wähnt.

Klar, dass jetzt die Wehen einsetzen, klar, dass Norbert sich um Doro kümmert und ihr zu verstehen gibt, dass Axel nur sie liebe, klar, dass sich am Ende zwar nicht alle in den Armen liegen, aber alles gut wird.

Til Schweiger mit Regisseur Sönke Wortmann

Für Til Schweiger bedeutet *Der bewegte Mann* den ganz großen Durchbruch im Kino, und auch Regisseur Sönke Wortmann gelingt mit dieser Komödie ein durchschlagender Erfolg. Seit Filmen wie *Wahnsinnsehe* und *Kleine Haie* ist der Regisseur einem breiteren Publikum bekannt, und er hat immer einen sicheren Blick bewiesen für die Besetzung und die Möglichkeiten der Schauspieler, mit denen er arbeitet. Man denke nur an Kai Wiesinger und Jürgen Vogel in *Kleine Haie*, mit welcher Präzision sie ihre schauspielerischen Möglichkeiten ausschöpfen, wie sie mit einer ehrlichen und charmanten Darstellung den Zuschauer betören und gleichzeitig zum Lachen bringen. Der Witz und die Sensibilität, mit der Wortmann in diesen Filmen von den Schwierigkeiten und von den Freuden menschlichen Zusammenlebens erzählt, haben ihn zu einem der großen Erfolgsregisseure des neuen deutschen Films gemacht. Allerdings hat er sich mit Filmen wie *Das Superweib* oder *Charleys Tante* auch viel Kritik eingehandelt, und tatsächlich verliert er hier gerade das, was zum Beispiel in *Der bewegte Mann* so schön gelingt: den Blick für die leisen zwischenmenschlichen Töne, für authentische Gefühle. Als ehemaliger Fußballer und Fan von Borussia Dortmund zeigt er so etwas wie ›Bodenhaftung‹. Er mache Filme für das Publikum, sagt Wortmann, das Schönste sei dann, wenn in einem vollen Kinosaal der Funke überspringe. »Dieses Gefühl, das ich dann ein- oder zweimal im Jahr habe, ist der Grund, warum ich das mache«, zitiert ihn Michael Althen (in: Süddeutsche Zeitung, 5/6.9.92).
Und genau dafür hat er ein Gespür: Es geht um die Leute, die ins Kino gehen, es geht darum, das Publikum zu unterhalten, es zu amüsieren, aber eben auch eine Beziehung herzustellen zwischen den Figuren seiner Geschichten und den Zuschauern. »Wortmann gehört zu der Handvoll Regisseure in Deutschland, die wissen, dass jeder Einstieg eine Verführung sein muss und dass es auf den ersten Blick zwischen Film und Zuschauer funken muss«, schreibt Michael Althen (in: Süddeutsche Zeitung, 6.10.94).

Liebe auf Hafturlaub: »Männerpension«

Gefunkt hat es auch zwischen dem Film *Männerpension* von Detlev Buck und dem Publikum, zwischen den Schauspielern Til Schweiger, Detlev Buck, Heike Makatsch, Marie Bäumer und den Zuschauern. Detlev Buck kennt man in gleicher Weise als Regisseur, Autor und Schauspieler. Seit Filmen wie *Karniggels* und *Wir können auch anders* gilt er als einer der eigenwilligsten Regisseure unserer Zeit, dessen Geschichten ein individueller Humor kennzeichnet. Bei *Männerpension* hat Buck nicht nur Regie geführt, sondern er spielt auch die zweite männliche Hauptrolle an der Seite von Til Schweiger. »Wir haben uns im Zug kennenge-

Wenn Til 'ne Heldenfresse hat, habe ich eine Charakterfresse (D. Buck)

lernt und sind ins Quatschen gekommen. Ich fand Til einfach nett, später habe ich ihn gefragt, ob er mitmacht in *Männerpension*«, erzählt Buck von seiner ersten Begegnung mit dem Schauspieler; der Eindruck hat sich dann beim Dreh verfestigt. »Til hat so eine Begeisterungsfähigkeit, die den ganzen Film vorantreibt. Er prescht nicht alleine nach vorne, damit kann man schließlich nichts anfangen. Ich will mich als Regisseur ja auch nicht dauernd in den Vordergrund spielen. Til und ich nehmen uns nichts weg, wir sind zwei vollkommen unterschiedliche Charaktere. Wenn Til 'ne Heldenfresse hat, dann habe ich eine Charakterfresse. Und auch im Film stellen wir eben zwei vollkommen unterschiedliche Typen dar: zwei, die im Knast sind; Til Schweiger ist Steinbock, der Boss, und Detlev Buck ist Hammer-Gerd, der haut schon mal drauf und ist emotionaler.«

Männerpension ist die Geschichte von zwei Knackis auf Hafturlaub. Eine Atmosphäre, die nur sehr entfernt etwas mit ›Gefängnisfilmen‹ zu tun hat, wie man sie gewohnt ist. Kein Ausbruch, keine Verfolgungsjagden, kein mieser Gefängnisdirektor. Dennoch befinden wir uns eindeutig in einer Welt, die abseits der Gesellschaft nach eigenen Regeln lebt. Kodrehbuchautor ist Eckhard Theophil, der saß zehn Jahre lang im Knast, »hat zehn Jahre lang den Stoff recherchiert und sich sehr genau auf den Film vorbereitet«, wie Buck es dezent umschreibt. Buck selbst ist ein paarmal in Santa Fu gewesen, einem Gefängnis in Hamburg, gedreht haben sie aber in Berlin, in einem stillgelegten Gefängnis. »Der Direktor in Hamburg hatte Angst, dass wir mit einem Team von 49 Mann reingehen und mit einem Team von 50 wieder rausmarschieren.« Einen typischen Gefängnisfilm wollte Buck nicht machen, »das ist wirklich eine Männerpension«, erklärt der Regisseur. »Es sind Männer, die sich nicht anpassen können, deshalb sind die im Knast, aber sie sind nicht alle Arschlöcher.«

»Es waren einmal zwei Edelmänner, die machten sich auf in die große weite Welt …« Steinbock erzählt eine Ge-

»Männerspiele«, Prügeleien und derbe Sprüche im Knast

schichte, das kann er gut, das macht er wie ein Vater, aber
wie einer, der selbst noch ein Kind ist, mit diesem lausbü-
bischen Lächeln, das wir von Til Schweiger so gut kennen,
einem Lächeln, hinter dem sich Wünsche verbergen, die
nur darauf warten, realisiert zu werden. Seine Gesichtszüge
verraten, dass hier kein Träumer sitzt, sondern einer, der
sich gerne aufmachen möchte, die Welt zu sehen, und der
das auch tun wird, wenn sich die Gelegenheit ergibt. Inmit-

ten hartgesottener Männerspiele, Prügeleien und derber Sprüche sitzt er in dieser traurigen Gefängniszelle und erzählt eine Geschichte.

Das Gefängnis ist eine enge, kalte und einsame Welt, in der es keine Frauen gibt, keine Wärme und keine Zärtlichkeiten. Aber das soll nicht so bleiben, denn Dr. Fazetti (dargestellt von Leander Haußmann, »er hat auch eine erotische Ausstrahlung, wie Til«, kommentiert Buck), der junge, fortschrittliche Gefängnisdirektor, kommt auf die grandiose Idee, Frauen anzuwerben, die bereit sind, Gefangene eine Woche bei sich aufzunehmen, für einen ›Landurlaub‹ sozusagen. Denn Frauen hätten ein großes emotionales Potential und könnten den Gefangenen die Wiedereingliederung in die Gesellschaft erleichtern, meint Fazetti. Steinbock und Hammer-Gerd sind bei so einer Maßnahme natürlich mit von der Partie. Es müssen sich nur noch Frauen finden, die bereit sind, die beiden aufzunehmen. Hammer-Gerd organisiert sich: Die Dame, die die Gefängnisleitung für ihn vorgesehen hat, entspricht nicht so ganz seinen Wünschen, also mimt er einen Schwerverbrecher und besticht sie mit ein wenig Kleingeld, damit sie so tut, als ob sie ihn aufnehmen würde. Für Steinbock übernimmt die Suche nach der passenden Frau sein Großvater, ein alter Gauner, der gemeinsam mit seinem Enkel so manches Ding gedreht hat und heute im Altersheim sitzt. Er ist jedoch weit davon entfernt, seine alten Machenschaften aufzugeben, sondern arrangiert sich mit seinem neuen Leben und organisiert kleine Kuppeleien im Altersheim.

Für seinen Enkel treibt er dann auch eine Pflegerin auf, Emilia Bauer (Marie Bäumer), die den begnadeten Knacki bei sich aufnehmen soll. Allerdings muss der liebe Enkel selber einen Brief schreiben und sich der Dame vorstellen. Daran könnte das Unternehmen ›Hafturlaub‹ beinahe scheitern, denn mit einer gewählten deutschen Sprache hat Steinbock so seine Schwierigkeiten. Fehlende Allgemeinbildung und mangelnder Einfallsreichtum beschränken seine dichterischen Fähigkeiten auf ein müdes ›Ich möchte

Sie gerne kennenlernen‹. Aber zum Glück gibt es ja die ›Politischen‹, Gefangene mit Bildung und Talent zum Schreiben.

Machomanieren, harte Sprüche, ein Mann, der sich vor keiner Schlägerei drückt, so ist Steinbock. Aber als er der Frau gegenübersitzt, von der es abhängt, ob er mitmachen

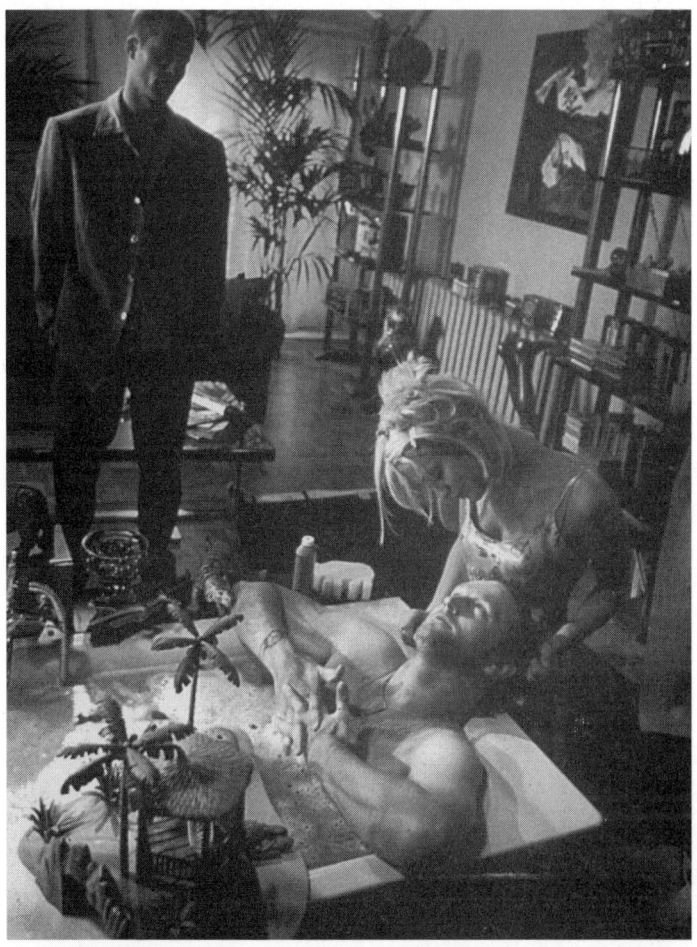

Die Liebe darf natürlich nicht fehlen (Til Schweiger, D. Buck und Heike Makatsch)

kann bei dem Programm, da weiß er nicht so recht, was er mit ihr reden soll. »Steinbock ist ein Knacki, und der kann eben keinem Menschen richtig trauen, auch keiner Frau. Das wäre auch ein Mitwisser, deswegen hat er eher die Einstellung, man schläft mit einer Frau, und dann lässt man sie liegen. Aber dann fängt er an sich zu verlieben.« (Buck) Beeindruckt von dem Brief, den Steinbock nicht geschrieben hat, sitzt Emilia mit ihm am Tisch, Blicke schätzen ab, was der eine vom anderen denkt, keiner will eine Karte zu früh ausspielen. Sie gucken sich an und messen ihre Kräfte. Der beschränkte Wortschatz ist nicht mehr zu verleugnen. Als sie sich wiedersehen, wird es noch komplizierter: Während er schon zur Sache gehen will (in der Familienzusammenführungszelle), hofft sie darauf, Steinbock erst mal geistig kennenzulernen. Dennoch akzeptiert sie es, den jungen Mann für eine Woche bei sich aufzunehmen: Sie fühlt sich von ihm angezogen, will aber keine Schwäche zugeben. Stattdessen versucht sie zu kommandieren, aber das lässt er sich nicht gefallen: Ausziehen auf Befehl? Nein, danke! »Marie Bäumer spielt eine starke Frau, die keinen an sich ranlässt, aus Angst, es könne weh tun. Den Steinbock mag sie, aber in dem Moment, wo es ernst wird, will sie ihn loswerden«, sagt Detlev Buck.

Ein schönes Gegenstück zu dieser unterkühlten Lovestory ist die Geschichte von Hammer-Gerd und der lispelnden Maren Krummsieg (dargestellt von Heike Makatsch). Die beiden haben anscheinend weniger Probleme, sich ihre Gefühle zu gestehen, da ist es so etwas wie Liebe auf den ersten Blick, die dann auch gleich besiegelt wird. »Stand by your man, and show the world you love him, keep giving all the love you can«, singt Maren, und kein auch noch so klitzekleiner Sprachfehler ist zu hören. Stattdessen steht ein verliebter Hammer-Gerd am Tresen und strahlt die vermeintlich Schöne in ihren Hot Pants, den Netzstrumpfhosen und dem tiefen Dekolleté an und findet nicht nur sie, sondern auch ihren Gesang ganz wunderbar. Auch wenn ihr viele diese Gesangseinlage verübelt haben, war Heike

Heike Makatsch hat Til in guter Erinnerung (mit D. Buck und Til Schweiger)

Makatschs Interpretation des legendären »Stand By Your Man« wochenlang auf allen Sendern zu hören. Die lispelnde Maren war Heikes erste Kinorolle; die Dreharbeiten hat sie in guter Erinnerung: »Gearbeitet habe ich ja eigentlich immer mit Detlev, aber was ich bei Til immer bemerkenswert fand, war, dass er schon damals unheimlich engagiert war, nicht nur schauspielerisch tätig zu sein. Er hat ständig mit Detlev besprochen, was am besten geschnitten werden sollte und was schließlich mehr Gewicht kriegen sollte und was weniger.«

Steinbock ist der prollige Knacki, der sich in der feineren Gesellschaft nicht bewegen kann, und eigentlich ist Emilia ja auch keine Prinzessin, sondern Pflegerin in einem Altenheim, aber stolze Besitzerin eines Hauses und irgendwie doch vornehmer als er. Das Märchen vom Räuber und der Fast-Edeldame: Til Schweiger gibt seinem Spiel eine Art von Trotz, der sagen will: ›Ich mache keinen Kniefall, nur weil ich aus dem Knast komme.‹ Hinter dem vermeintli-

Ein schüchterner Macho … (D. Buck/Til Schweiger)

chen Stolz deutet er dann aber an, dass er sich manchmal schämt und unsicher ist, weil er nicht weiß, wie er sich verhalten soll. Gefühle sind Mangelware, sie zuzulassen hat er nicht gelernt, sie zu zeigen schon gar nicht: Als sein Freund wieder in den Knast zurück muss, weil er einen erschossen hat, sitzt er da, sagt nichts, erzählt nichts, schält Kartoffeln, philosophiert über die Qualität der verschiedenen Kartoffelsorten; man hat den Eindruck, als müsse er verdammt aufpassen: Nur nicht anfangen zu heulen, nicht schwach werden.

Wenn es so etwas wie einen typischen Til-Schweiger-Blick gibt, dann ist es vielleicht dieser: Wenn Worte und Gesten kein einziges Gefühl entlarven wollen, aber die Augen voller Gefühle und ganz weich sind. Verletzlichkeit wird als Stärke entlarvt. »Was bei Til einfach sehr gut ist«, meint Regisseur Buck, »der hat sehr verletzliche Augen, das sieht man auch auf der Leinwand, und diese Ausstrahlung mag man. Und genau das hat er bis jetzt eigentlich sehr gut hinbekommen, dass man nicht nur den Harten sieht, sondern auch den Verletzlichen. Das macht den Charme aus.«

Trotz cooler Sprüche und trotz ihrer Verletzungsängste verbringen Steinbock und Emilia endlich die Nacht zusammen; für einen Moment ist er glücklich, verliebt, aber sie bringt ihn zurück ins Gefängnis: »Man soll gehen, wenn es am schönsten ist«, sagt sie. Er versteht die Welt nicht mehr. Bei der Beerdigung seines Großvaters spricht er mit ihr. Sie verstummt, wenn es ernst wird; sie hat Angst – Liebe tut doch weh, oder? In dem Moment ist er stärker, viel stärker, er tut genau das, was Til Schweiger meint, wenn er sagt, dass es nicht immer gut ist, Spielchen zu spielen in der Lie-

Man muß sagen können, ich liebe dich (D. Buck und H. Makatsch; T. Schweiger und M. Bäumer)

be, »also dass der Mann sich supercool gibt oder die Frau um neun aufkreuzt, wenn um acht abgemacht war. Manchmal muss man einfach offen sein. Die tollsten Mädchen lernst du nur kennen, wenn du offen bist und sagst, was du denkst, auch wenn du selber blöd dabei aussiehst«, bekennt Til Schweiger. »Man muss sagen können: Ich liebe dich.«

Heroes: moderne Helden und die Stärke, Schwäche zu zeigen

Knallharte Action in »Adrenalin«

Drei Männer in einem Auto, sie warten, dass etwas passiert; es ist kalt, die Stimmung angespannt. Ein Gesicht, das unter einem Kampfanzug hervorlugt, die Augen voller Hass. »Warum spielt die Katze mit der Maus, bevor sie sie umbringt?«, fragt jemand und beobachtet das tödliche Spiel der Tiere. Dann ein Riesenknall, harte Actionszenen: Ein Sonderkommando dringt in die Stahlkammer

Til Schweiger als Actionheld in ›Adrenalin‹

einer Bank ein, um Terroristen bei einem Geldraub festzunehmen. Laute Musik begleitet die Schießereien, irgendetwas explodiert irgendwo, und dann stellt einer der Beamten mit hasserfüllten Augen einen Terroristen. Bruchstückhafte Erinnerungen werden deutlich: ein Auto, eine Explosion, Feuer. Mit einem wütenden »Schachmatt, Wichser« leitet der Beamte die Exekution seines Gegners ein.

In *Adrenalin* spielt Til Schweiger Stephan Renner, der bei einem Sondereinsatzkommando der Polizei arbeitet. Mit dem Terroristen Harloff, den er hier erschießt, hat er eine alte Rechnung zu begleichen: Harloff hat Stephans Frau kaltblütig ermordet. Der persönliche Rachefeldzug des Beamten erinnert an die Geschichten von Actionhelden wie Clint Eastwood als »Dirty Harry« Callahan, an John Wayne in *McQ* oder an Charles Bronson als Paul Kersey in *Death Wish – Ein Mann sieht rot.* Die Polizisten Callahan und McQ und der durch den brutalen Mord an seiner Frau verbitterte Bürger Kersey verfahren wie Stephan Renner nach dem alttestamentarischen Muster ›Auge um Auge, Zahn um Zahn‹. Ein Spiel mit den Emotionen der Zuschauer: Der Schuldige muss sterben, man leidet mit dem Helden, findet den Mord gerecht. In den zitierten amerikanischen Filmen ist nicht nur die Sympathie, sondern auch das Recht auf Seiten der Protagonisten, die Selbstjustiz, die persönliche Rache erscheint gerechtfertigt, das macht sie zwiespältig in der Tendenz. In *Adrenalin* muss Stephan Renner alias Til Schweiger für seine Tat drei Jahre ins Gefängnis: Auch der emotional verständliche Mord bleibt eine Straftat.

Til Schweiger als Actionheld: Der Schauspieler zeigt sich hier von einer ganz anderen, härteren Seite. Nach *Der bewegte Mann* wurde er als Komödienstar gefeiert oder kritisiert. Dabei hat er genauso viele Rollen in anderen Genres gespielt. Nichts erinnert in *Adrenalin* an die deutschen Erfolgskomödien, oder fast nichts, denn Til Schweiger gelingt es, auf dem Boden knallharter Action die

Til Schweiger, Regisseur Dominique Othenin-Girard und Geno Lechner

Schwäche und Verletzlichkeit der von ihm dargestellten Figur zu verdeutlichen.

Als Stephan Renner aus der Haft entlassen wird, ist sein einziger Lebensinhalt die kleine Tochter, die bei Pflegeeltern untergekommen ist. Nun muss er vor Gericht beweisen, dass er in der Lage ist, seine Tochter wieder zu sich zu nehmen; er muss glaubhaft machen, dass er kein Risiko mehr für die Gesellschaft darstellt und in der Lage ist, sein Kind zu erziehen. Das Gericht ist zögerlich, doch an der Liebe des Vaters lässt der Film keinen Zweifel: Beim Angeln mit der kleinen Tochter am See ist der Hass, der sich während der Schießerei in seinen Augen spiegelte, wie weggeblasen, da ist nur noch ein verspielter, verträumter junger Vater, der sich kindliche Züge bewahrt hat, der mit seiner Tochter reden und lachen kann. Da sind Augen, die sagen: ›Hey, Kleine, du bist alles, was ich habe.‹ Die Bewegungen sind viel langsamer als in den Actionszenen, jetzt hat er Zeit, Zeit zum Beispiel, den Fisch von der Angel zu nehmen, weil die Tochter ihn nicht töten will, ihn wieder ins Wasser zu lassen und seine Tochter in den Arm zu nehmen. Aber bevor es zum vermeintlichen Happy End kommt, gerät Stephan Renner immer tiefer in einen Strudel von Verbrechen und Gewalt. Tatjana, die Geliebte des von ihm erschossenen Terroristen, hat Rache geschworen und inszeniert ein Spiel von Intrigen, die Stephans Leben zerstören sollen. Sie entführt seine Tochter Jacky. Als Stephan davon erfährt, ist er verzweifelt; die Vergangenheit hat ihn sehr schnell wieder eingeholt, seine Hilflosigkeit drückt sich in Wut aus, er brüllt, zerschlägt einen Stuhl, versucht mit Muskeln und Stimme der unaussprechlichen Verzweiflung Gestalt zu geben. Die Gesten wirken hart, der ganze Körper scheint unter Hochspannung zu sein, das Gesicht ist angespannt, die Wangenknochen treten hervor. Tränen in den Augen zeigen Schmerz und Angst.

Die Polizei verdächtigt Stephan, die eigene Tochter entführt zu haben. Er sei frustriert, dass sich das Gericht noch nicht für ihn entschieden habe. Gemeinsam mit einem alten Freund und Kollegen (eine sehr schöne Darstellung von Ralph Herforth) versucht Stephan, die Verbrecher zu stoppen. Männerkameradschaft darf natürlich nicht fehlen; das Strickmuster ist einfach: der Held, die ermordete Frau, die Rache und der Freund, der ihm beisteht unter Einsatz seines Lebens. Nach einer wiederum langen, lauten und actionreichen Szenenfolge kommt es zum unausweichlichen Showdown. Tatjana versucht Stephan zu provozieren, sie möchte, dass er schießt, auf diese Weise hätte sie ihn endgültig vernichtet. Stefan legt an, wieder erinnert er sich an den grausamen Mord an seiner Ehefrau, da kommt ihm seine Tochter zu Hilfe, sie ruft das rettende »Papa, nicht!« und bringt ihn zur Besinnung.

Die Geschichte, die mit viel Action nach amerikanischem Vorbild an modernes überladenes Actionkino erinnert,

»Harte Schale, weicher Kern, so soll der Mann sein« (Buck)

wirkt leider oftmals aufgepeppt, ohne wirkliche Spannung. Til Schweiger überlebt, wenn man so will: Harte Schale, weicher Kern, so soll er sein, der Mann, äußerte Detlev Buck einmal im Hinblick auf seine Helden in *Männerpension,* und das löst Til hier ein.

Helden vor Gericht: »Bunte Hunde«

Celle, man erinnert sich: Drei junge Männer nehmen Gefängniswärter als Geiseln, um die Flucht aus dem Gefängnis zu erpressen. Kurz vor der belgischen Grenze werden sie gestellt, es gibt Tote. Das Ereignis beschäftigt die Öffentlichkeit mehrere Wochen lang, und der Regisseur Lars

Becker nimmt die Geschichte später als Grundlage für seinen Film *Bunte Hunde*.

Die Darstellung des Pepe Brenner ist eine schöne kleine Rolle für Til Schweiger, die ihm die Möglichkeit gibt, sehr nuanciert unterschiedliche Regungen der Figur sichtbar zu machen; er stellt Pepes Unsicherheit dar, die sich hinter einer harten Fassade versteckt. »Kleine Rollen sind oft viel spannender als Hauptrollen«, findet Til. »Man hat auch nicht so viele Drehtage und kann sich gut darauf konzentrieren. Die Verantwortung ist viel geringer, wenn der Film den Bach runter geht, dann sagt man sich, das ist nicht meine Schuld.«

Pepe Brenner ist Mitglied einer Autoschieberbande, die geklaute Wagen von Deutschland nach Polen überführt. Als sie geschnappt werden und es für Pepe um die Frage geht, seine Freunde zu verraten oder eine längere Haftstrafe abzusitzen, siegt die Angst: Er belastet seinen Freund und ›Kollegen‹ Toni Starek (hervorragend dargestellt von Peter Lohmeyer) und bekommt eine mildere Strafe als er. Dieser Verrat wird nur in dem einen Satz »Ich möchte eine Aussage machen« thematisiert und kommt ansonsten ohne jede Erklärung aus. Lediglich Pepes Gesichtsausdruck deutet auf die Gründe für die Tat hin: Er hat Angst vor dem Gefängnis, Angst davor, dass sein Leben nicht mehr so sein wird wie vorher. Die vermeintlich coole Maske fällt zusammen, irgendetwas geht kaputt in seinem Gesicht, und es bleibt die Erkenntnis, dass es hier um seine Zukunft geht, darum, dass er tatsächlich die nächsten Jahre hinter Gittern verbringen soll. Til Schweiger spielt alle Nuancen dieses einen Moments gekonnt aus.

Der Regisseur/Autor/Schauspieler Dani Levy sagte einmal, Til habe so »etwas Schönes, sehr Zerstörtes, Verschmerztes in seinem Gesicht, was ihn nicht nur zu einem attraktiven Schauspieler macht, sondern was mir die Überzeugung gibt, dass man bei Til noch viel mehr rausholen könnte«. Das findet sich in dieser Figur wieder, die gebrochen ist, die sich vom Verräter zu einem Menschen mit Ge-

Til Schweiger ist Pepe Brenner in ›Bunte Hunde‹

fühl für Freundschaft wandelt. Ein junger Mann, der mit vielen großen Worten kleine Gefühle überspielt, der dritte Mann in einem Autoknackertrio, der kleinste, der die Regeln noch nicht so ganz versteht, der nicht erkennt, was Loyalität und Aufrichtigkeit in diesem Geschäft bedeuten – und Freundschaft.

Bunte Hunde ist eigentlich die Geschichte von Toni Starek; gemeinsam mit Kurt Freiland ist er der Drahtzieher der Autodeals. Nun sitzt er ein, wegen der ganzen Autogeschichte. Der Dritte im Bunde, Kurt, kann rausgehalten werden, und Pepe steht nach seinem Verrat sowieso nicht mehr zur Diskussion. Sein alter Kumpel Kurt und dessen Freundin Dolores wollen Toni aus dem Knast holen. Helfen wird ihnen Mona, die sich in Toni verliebt hat, einfach so, auf der Pferderennbahn, eine Minute bevor Toni verhaftet wird. Die Flucht gelingt, doch die vermeintliche Idylle an der belgischen Küste will nicht ganz gelingen. Toni hält das nicht aus, Langeweile, Tristesse, Geldmangel. Er plant einen neuen Coup, gemeinsam mit Kurt.

Peter Lohmeyer gibt der ganzen Geschichte mit seiner stoischen Darstellung etwas einmalig Kühles und Distanziertes, wie man es kaum aus deutschen Filmen kennt. Die Charaktere sind vorsichtig gezeichnet, kommen uns im einen Moment ganz nah und bleiben dennoch fern.

Tonis Freiheit bleibt nur ein kurzes Zwischenspiel, und als er unter strengen Sicherheitsvorkehrungen wieder im Knast sitzt, scheinen die Chancen auszubrechen aussichtslos. Dennoch plant er gemeinsam mit einem anderen Gefangenen einen neuen Fluchtversuch. Der andere will Pepe bei dem Ausbruch dabei haben. Toni und Pepe stehen sich gegenüber, gucken sich kaum in die Augen und geben sich die Hand, ganz kurz nur; beide wissen, dass der eine den anderen verraten hat. Keine herzliche Geste, lediglich ein Zeichen, eine gemeinsam begonnene Sache auch gemeinsam durchzuziehen. Drei Beamte werden als Geiseln genommen, die Gefangenen verlangen ein Auto und zwei Millionen Mark.

Pepe ist wieder der Kleine mit der großen Klappe, das Gefängnis hat ihm das nicht nehmen können. Jetzt, da der Ausbruch bevorsteht, ist die Angst besonders groß, und die

Autodiebstähle, Freundschaft, Verrat und Liebe – Til Schweiger, Peter Lohmeyer und Catrin Striebeck in: ›Bunte Hunde‹

80

81

Toni stellt sich schützend vor Pepe (P. Lohmeyer/Til Schweiger)

besiegt man am besten durch Sprüche. Til Schweiger gibt
der Darstellung etwas Überzogenes, Nervöses, Angespann-
tes. Das Warten auf die Erfüllung der Forderungen macht
mürbe. Pepe sitzt da, guckt in die Runde. »Was sagt der
Bäcker zum Araber in der Backstube?«, fragt er. »Bag-
dad.« Und dann lacht er los, hört gar nicht mehr auf zu lachen, übertrieben eben, sodass die Nervosität keine Chance hat. Pepe soll das Fluchtauto auf dem Gefängnishof in-
spizieren, er setzt sich hinters Steuer, fährt, kreist über den
Hof, fährt wild, bremst kurz vor der Mauer ab, dreht sich,
er hört gar nicht mehr auf, dreht sich wie ein Wahnsinniger.
Ganz nach dem irrsinnigen Motto: Angst geht weg, wenn
man so tut, als gäbe es die Gefahr nicht, wenn man alles
noch schneller, noch gefährlicher macht, damit man der
Furcht ein Schnippchen schlägt.
Kurz vor der Grenze werden die Flüchtigen in einem Su-

permarkt gestellt. Mechanisch, fast kaltblütig stellt sich Toni Starek der Situation; er weiß, dass dies sein Ende ist, versucht nicht, dagegen anzugehen – noch einmal bekommt
ihn die Polizei nicht lebend. Pepe aber hat Angst; das Gesicht von Til Schweiger alias Pepe ist versteinert, verbissen,
der Schweiß steht ihm auf der Stirn, die Augen sind starr,
weit aufgerissen; vollkommen panisch schießt er seine Pistole leer. Als es zum unausweichlichen Showdown mit der
Polizei kommt, stellt sich Toni vor Pepe – und stirbt.
Als Toni in Pepes Armen stirbt, entweicht die ganze Spannung aus dem angstverzerrten Gesicht des Jüngeren. Fassungslosigkeit tritt an die Stelle der Furcht, und die Augen
füllen sich mit Tränen; irgendwo tief in ihm drinnen passiert
etwas. »Mein Name ist Pepe Brenner, ich bin 27, komme
aus Hannover und sage jetzt gar nichts mehr«, das sind seine Worte vor Gericht. Ganz am Ende besiegt Pepe seine

Verletzlichkeit als Stärke: Til Schweiger, ein moderner Held
(R. Herforth/Til Schweiger)

Angst und erkennt, dass die Würde, die Treue, die Freundschaft und die Ehrlichkeit für ihn wichtige Werte sind, die zu seinem Leben gehören.

»Ehrlichkeit ist für mich das Wichtigste im Leben, nur so funktionieren Freundschaften«, stellt auch Til Schweiger fest, und man glaubt es ihm. »Ich kann wirklich mit Fug und Recht von mir behaupten, dass ich ein grundehrlicher Typ bin, und so etwas macht auch verletzlich. Ich kann zwar hart werden, wenn ich merke, dass einer meine Ehrlichkeit ausnützt und versucht mich zu bescheißen, wenn einer versucht Profit daraus zu ziehen, aber ich bin nicht generell hart, ich würde sagen, ich bin eher weich.«

Manchmal müssen es eben moderne Helden sein, Helden in der Tradition von James Dean, die Gefühl und Zärtlichkeit zeigen und damit ihre Stärke beweisen, die das Klischee von mutigen Fäusten brechen und zeigen, dass Tränen zu weinen auf der Leinwand mutig und stark ist – und nicht nur dort. »Als Schauspieler finde ich es viel schöner, wenn Helden verletzlich sind. Wenn man nur Supermänner hat, ist das wirklich langweilig. (…) Generell denke ich aber auch, dass jeder Mann verletzlich ist, nur meistens kaschieren sie es«, sagt Til Schweiger.

Harte Kerle, verletzliche Jungs: »Lemgo«

Jan kaschiert seine Verletzlichkeit nicht, Jan der Sportjournalist, der mal Fußballer werden wollte, berufsmäßig und so. Aber dann kam die Sache mit dem Miniskus, und seitdem arbeitet er für die Zeitung.

»Okay«, brüllt er Vera (Jasmin Tabatabai) an, »dann bin ich eben ein Feigling, ich will die Story, aber nicht so«, und er schmeißt ihr die Pistole vor die Füße, die geht los, Glas splittert, Vera und Jan gucken sich an, und dann müssen beide lachen. Es ist der Beginn einer Lovestory, einer sehr kurzen Liebesgeschichte, von der am Ende nur noch die Träume bleiben.

Til Schweiger ist Jan, ein ganz normaler Typ, mit einem

*Der Beginn einer gefährlichen Lovestory (Jasmin Tabatabai/
Til Schweiger)*

ganz normalen Leben, mit Träumen, mit Wünschen, mit
Gefühlen – und einer Passion für Fußball. Außergewöhn-
lich ist höchstens seine ausgeprägte Leidenschaft für den
Film *Taxi Driver* von Martin Scorsese, aber auch die bleibt
ungefährlich. Die Sängerin Vera hat schon ein bisschen
mehr gesehen im Leben; sie ist von der Straße gekommen
und durch die Bars getingelt, als Jugendliche wurde sie
vergewaltigt, und später ist sie irgendwie in Gangsterkreise
geraten.
Vera wird dargestellt von Jasmin Tabatabai, den Titelsong
singt die junge Schauspielerin selbst, denn Musik gehört zu
ihrem Leben, das kann sie 1997 ausführlich an der Seite
von Katja Riemann in Katja von Garniers Musikfilm *Bandits* zeigen. Von der Zusammenarbeit mit Til schwärmt Jas-

»Til Schweiger ist ein ganz lieber Kollege«, versichert Jasmin Tabatabai

min: »Während der Dreharbeiten zu *Lemgo* habe ich mich super mit Til verstanden; ich mag ihn sehr gerne als Mensch, er ist ein ganz lieber Kollege, und ich bewundere ihn, wie er so seinen Weg geht. Über den Erfolg von *Knockin'* habe ich mich riesig gefreut; dass der Film so gut gelaufen ist, nutzt uns allen.«

Warum die Sängerin Vera Vinyl eine Pistole hat, ist nicht so ganz klar; jedenfalls hat sie es mit ziemlich miesen Typen zu tun und erzählt Jan eine wilde Geschichte von ihrem Manager Toni, der einem brutalen Ganoven Geld schuldet. Toni will diesem Ganoven gewisse Papiere vertickern, die eine Menge wert sind, weil es da um Geschäfte geht, in die Politiker und andere hohe Tiere verwickelt sind.

Wenn Til Schweiger als Jan davon spricht, diesen Fall zu knacken, dann blitzt aus seinen Augen Abenteuerlust. Seine Worte klingen nach vermeintlichem Mut und der Naivität eines ganz normalen netten Jungen, für den allem Anschein nach eine Miniskusoperation und das Ende einer

Karriere als Berufsfußballer das Härteste waren, was ihm in seinem Leben zugestoßen ist. Vor einem überlebensgroßen Plakat von Robert de Niro in *Taxi Driver* träumt er von seiner Story und teilt Vera seinen Plan mit, so als könnte man einfach von der eigenen unbescholtenen Realität in die Welt des Kinos wechseln: »Okay, wir fahren jetzt zu dem Schließfach, holen uns die Papiere, ich bin nämlich Journalist (selbstzufriedenes Lächeln), und ich lasse die ganze Sache hochgehen wie eine Bombe. Der miese Ganove wandert in den Knast, du und Toni, ihr seid fein raus, und ich (er lässt den Revolver dezent ›männlich‹ um den Finger rollen) – ich habe eine geile Story.«

Jan versteht nicht, dass es hier um echte Gangster, um echte Gefahr geht. Man hat den Eindruck, er spiele ein Spiel, ohne die Regeln zu kennen. »You're talking to me? You're talking to me? There is nobody else around, fuck you, bumm.« Vera, Jan und *Taxi Driver*: auch ein Spiel, die beiden imitieren Robert de Niro, hantieren mit dem Revolver, lachen dabei. Jan hat nicht viel von de Niro, außer den Plakaten in seiner Wohnung und einigen Filmzitaten, die er gerne anbringt. Zwar sind sie irgendwie in eine recht wahnsinnige Gangsterstory verwickelt, aber der Irrsinn des durchgeknallten Taxifahrers ist weit weg. Stattdessen ist der Typ romantisch, verliebt. Sie lachen, halten den Wagen mitten auf der Straße an, küssen sich, quatschen von Kindern, spinnen in die Zukunft hinein.

So plötzlich wie dieses Mädchen im Leben von Jan aufgetaucht ist, sein Herz erobert und seinen Alltag vollkommen durcheinander gebracht hat, so plötzlich verschwindet es auch wieder: Vera wird kaltblütig ermordet. Was bleibt, sind Jans Gefühle, das Chaos in seinem Herzen – und vor allem die Gangster. Ohne es zu wollen und ohne es zu verstehen, ist er in eine Story geraten, deren Strukturen er nicht durchschaut, deren Auswirkungen er nicht absehen kann.

Als Jan die tote Vera sieht, das Blut, das Rasiermesser, mit dem sie ermordet wurde, fängt er an durchzudrehen. Das reduzierte Spiel von Til Schweiger macht den Irrsinn der Situation deutlich: ein staksiger abgehackter Gang, ein Gesicht, das steif bleibt, lediglich die Augen sind weit aufgerissen, angsterfüllt. Tränen laufen über ein schmerzverzerrtes Gesicht, er bleibt wortlos, seine Gesten sind müde, als hätte er Blei in den Knochen. Er schweigt, während Bodo redet. Bodo ist Veras Bruder, dargestellt von Heinz Hoe-

6Jan und die Kinorealität von ›Taxi Driver‹

nig. Er redet und redet, er brüllt an gegen den Schmerz. »Eine der schönsten Rollen von Heinz Hoenig«, findet Til Schweiger. Die Gegensätze der beiden Figuren verdeutlichen die unterschiedliche Art und Weise, mit Angst und mit Trauer umzugehen.

Erstarrt, voller Angst läuft Jan hinter Bodo her, der mit der Waffe im Anschlag versucht, Veras Mörder zu finden. Das, was als fremde Geschichte anfängt, endet als die persönliche Story von Jan. Gemeinsam mit Bodo ist er auf einmal dabei, jemanden zu rächen, den er erst vor wenigen Momenten lieben gelernt hat. Als sich die Dinge zuspitzen und immer mehr Menschen sterben, dreht er durch, er will raus aus der Geschichte, will aussteigen aus dem Alptraum. Aber er ist in einen Kreislauf geraten, den er nicht einfach durchbrechen kann; die Gesetze der Unterwelt funktionieren anders, als Jan es gewohnt ist. Gesellschaftliche Regeln, der ganz normale Alltag, all das existiert nicht mehr, verschwindet in einer neuen Welt, einer gewaltvollen Welt.

Eine schöne Rolle, die Schweigsamkeit erlaubt. Das Gesicht von Til erzählt von Jans Angst; seine Tränen und seine Verzweiflung wirken echt, gefühlvoll. Die Darstellung berührt, wirft die Frage auf, was passiert, wenn ein Mensch auf einmal quasi vom Dach gestoßen wird, wenn sein ganzes Leben durcheinander gebracht wird, wenn alles, was ihm normal und alltäglich erschienen ist, auf einmal keinen Wert mehr hat. Naiv erkennt Jan, dass er mit der Wahrheit bei der Polizei keinen Meter weiterkommt. Er hat gearbeitet und geliebt, er hat von Abenteuern und von einer Erfolgsstory geträumt. Jetzt ist es da, das Abenteuer, und die Erfolgsstory liegt vor ihm, aber alles, was er empfindet, ist nackte Angst. Wenn er dann doch noch zum Helden wird, wenn er anfängt, diese Geschichte, die ihm widerfährt, auch zu leben, dann deshalb, weil er kapiert, dass er anders nicht aus der Geschichte herauskommt, und weil er Vera geliebt und ihren Bruder sehr gerne hat.

Irgendwann kommt Licht in die etwas verworrene Geschichte: Es geht um Giftgas, das von Deutschland aus in den Irak und nach Jemen ausgeführt wird. Der Betreiber der Firma, die dafür verantwortlich ist, Dr. Heinrich Wolf, hat sogar eine Stiftung für von Giftgas geschädigte Opfer eingerichtet. Die schmutzigen Geschäfte erledigt der Gangster Lemgo. Eine heiße Politgeschichte, die hier jedoch nur den Hintergrund bildet für persönliche Gefühle. Auch die Nazis kommen ins Spiel: Dr. Heinrich Wolf war während des Zweiten Weltkriegs wesentlich an der Entwicklung der Gaskammern beteiligt; er ist einer der vielen Nazis, die nach dem Krieg ein ehrenwertes Mitglied unserer Gesellschaft wurden, einfach so, fast übergangslos, als wäre nichts geschehen.

Eine lange Erklärung, die alle Andeutungen und Rätsel mit einem Mal verständlich macht. Til bedauert dieses Ende ein wenig: »Gerade in diesem Film wurde mal nicht so viel geredet, und die Story läuft ohne Worte ab. Das mag ich an dem Film, und dann kommt am Ende doch noch diese unendliche Laberei, mit der Film normalerweise funktioniert.«

Ansonsten sei *Lemgo* eindeutig sein »Lieblingsfernsehfilm«, sagt Til. Eindrucksvoll ist der Versuch, mit wenig Worten auszukommen und auf die Ausdruckskraft von Mimik und Gestik zu setzen. Das verlangt eine präzise Arbeit mit den Schauspielern, und genau das schätzt Til an Regisseur Jörg Grünler, den er für einen der besten in Deutschland hält: »Ich habe wirklich selten jemanden getroffen, der so exakt mit den Schauspielern arbeitet, nicht in der Anleitung, sondern in der Beobachtung. Er guckt nach den wahren Tönen und sagt im Zweifelsfall dann auch: ›Das, was du da gemacht hast, das glaube ich dir nicht, mach das noch mal.‹«

»Ich verdanke Grünler viel, der auch Regie bei der Fernsehserie *Die Kommissarin* geführt hat«, sagt Til ganz einfach. Hier spielt er an der Seite von Hannelore Elsner. Die Schauspielerin hatte bisher Serienangebote abgelehnt, aber die Drehbücher für *Die Kommissarin* überzeugten sie. »Außerdem sind wir ein tolles Team«, betont sie zum Start der Serie. Das Team besteht aus der Kommissarin Lea

›Lemgo‹ ist in jedem Fall mein Lieblingsfernsehfilm«, versichert Til

Sommer und ihren zwei Assistenten Nick (Til Schweiger) und Henning Burre (Karlheinz Lemken).
Im Kommissariat herrscht eine lockere Atmosphäre, irgendwie herzlich – eine Frau als Chef, das macht sich bemerkbar. Eine gelöste Stimmung, es darf gelacht werden,

Til an der Seite der charmanten ›Kommissarin‹ (Hannelore Elsner)

aber nicht über derbe Männerwitze, es ist ein eher liebe-
volles Geplänkel, mit ein wenig Flirtatmosphäre. Mit Einfühlungsvermögen und Instinkt sollen die Verbrechen auf-
geklärt werden anstatt mit Gewalt. »Wir wollen die Tragik
von Gewalt zeigen, ihre Ursprünge, und dass Täter auch
Opfer sein können. Action um der Action willen bringt
nichts«, erläutert Jörg Grünler seine Serienpläne. »Es sind
harte Sozialkrimis, die wir drehen.«
Zunächst ist die Rolle von Til Schweiger eher klein angelegt, aber im Laufe der verschiedenen Folgen wächst der
Assistent in die Arbeit hinein, erhält mehr Spielraum, mehr
Selbstständigkeit. Die Figur wird komplexer und bekommt
einen eigenen Charakter. Nick macht mal eine eigene Un-
tersuchung, weicht in der Meinung von der Kommissarin

ab, wobei er natürlich im Unrecht bleibt. Klar, die bessere Spürnase hat die Chefin.

Klappe: Die Kommissarin kommt ins Büro und findet Nick vor, wie er mit einem Kollegen harte Action probt, so mit Knarre und amerikanischer Polizistenmimik, gefährlich. Etwas erstaunt ist sie schon wegen des neuen Enthusiasmus ihres jüngsten Mitarbeiters, aber der erklärt ihr so wunderbar strahlend und naiv, er könne in einem Film mitspielen, dass sie einfach schmunzeln muss. Til Schweiger spielt das mit schöner Nonchalance – einen Polizisten, der sehr gut schlecht schauspielert. Aber dann: »Meine Rolle ist gestrichen, die haben mich einfach rausgestrichen, das Drehbuch war zu lang.« Harte Realität der kleinen Träume vom großen Filmgeschäft. Nick erzählt das mit zerknirschtem Gesichtsausdruck; ›Manno‹, möchte er sagen, ›dabei wäre ich so toll gewesen‹. Später muss er observieren, im Hinterausgang von einem Kino, eine Sekunde länger als notwendig steht er vor den Filmplakaten. Nostalgie fürs Kino wird zum Running Gag. Klappe, nächste Folge: Nick konstruiert eine wilde Story von Geheimdiensten, von Spionage, MAD, Stasi, Amerika und Russland, die für einen Mordfall verantwortlich wären. »Du hättest besser Schauspieler werden sollen«, findet die Kommissarin. »Kann ich ja immer noch«, ist die prompte Antwort.

Verlierer aus einer anderen Zeit und eine moderne Sehnsucht: die ›German Classics‹

Ein Traum von Luxus und Geborgenheit: »Das Mädchen Rosemarie«

Die fünfziger Jahre in Deutschland, die Zeit kurz nach dem Krieg: Der Wiederaufbau der zerstörten Städte wird vorangetrieben, die Greuel der Vergangenheit werden verdrängt, und man übt sich in einer Demokratie, die nicht gewachsen ist und nur langsam in die Köpfe der Menschen Eingang findet. Die alte und eine neue Wirtschaftselite sind eifrig bemüht, den Wohlstand im Land anzukurbeln. Sie geben sich einem Reichtum hin, der verbunden ist mit einem sehr deutschen Hauch von Luxus, prächtig, pompös und ordinär.

Das Mädchen Rosemarie kommt nicht aus dieser Welt, es kommt aus einem anderen Milieu, war im Heim und hatte eine klassisch unglückliche Jugend. Nun strebt Rosemarie mit aller ihr zur Verfügung stehenden Kraft nach oben, in die Reihen der Mächtigen und Reichen. Für einen Moment gelingt es ihr sogar; die Männer liegen ihr zu Füßen und werden in ihren Armen zu kleinen Kindern. In ihrem Luxusapartment verspürt sie eine kurze Zeit lang ein Gefühl von Macht über jene Männer, deren Geld die Wirtschaftswunderstimmung der deutschen Nachkriegszeit widerspiegelt.

In dieser künstlichen Welt, in der Rosemarie sich wie vor einem Abgrund bewegt, hat sie nur einen Freund namens Nadler, dargestellt von Til Schweiger. Eine kleine, einprägsame Rolle für Til Schweiger in dem Film *Das Mädchen Rosemarie*, dem Regiedebüt von Bernd Eichinger. Die Geschichte von Nadler und seine Beziehung zu Rosemarie werden am Rande der Hauptgeschichte angedeutet.

Nadler hat Rosemarie von der Straße geholt, als sie nicht wusste wohin. Er hat ihr ein Dach über dem Kopf gegeben und ein bisschen Wärme. Obwohl sie ihn verlassen hat, ihn und seine kleine ärmliche Wohnung, macht er ihr immer wieder klar, dass er sie liebt. Nadler hält nichts von den illustren Kreisen, in denen Rosemarie versucht, sich ihren Platz zu erkämpfen. Er träumt kleinere Träume und propa-

Rosemarie (Nina Hoss) hat nur einen Freund: Nadler (Til Schweiger)

giert fast trotzig ihre Realisierbarkeit. Til Schweiger gibt der Figur etwas von einem kleinen Gangster, der auf der Suche ist nach verborgenen Schätzen, nach dem schnellen Geld. Er wirkt wie ein liebenswerter Schurke, der nicht das Zeug zum Großgangster hat, der zu ängstlich ist oder zuviel Anstand besitzt und der seine Gefühle nicht verloren hat. Einer, den man gerne hat, der es ehrlich meint, wenn er auch keine Chance hat. Sein Spiel spiegelt etwas von einer aufrichtigen Sehnsucht wider, Sehnsucht nach Freiheit, nach Liebe und einem besseren Leben.

Ungeschickt versucht Nadler ein Stück von Rosemaries Kuchen abzubekommen, erpresst einen ihren Liebhaber und bekommt auch mal ein paar Mark von ihr zugesteckt. Er bittet Rosemarie zurückzukommen. »Wir beide passen zusammen«, sagt er zu ihr, »wir hatten 'ne Menge Spaß. Was willst du von diesen reichen Leuten, da passt du nicht hin.« Und irgendwie hat er recht. Aber es ist schon lange viel zu spät, Rosemarie hat ihr Spiel gespielt, sie hat verloren, am Ende ist sie tot, und der Mörder wird nie gefunden.

Eichingers Traum

Der Film *Das Mädchen Rosemarie* möchte eine wahre Begebenheit der Nachkriegszeit erzählen und ist eines der Remakes deutscher Erfolgsfilme aus den fünfziger und sechziger Jahren, die Bernd Eichinger 1996 unter dem etwas hochfahrenden Motto ›German Classics‹ mit vielen deutschen Stars neu verfilmt. Andere Filme der Reihe sind *Es geschah am hellichten Tag, Charleys Tante* und *Die Halbstarken.* Der deutsche Erfolgsproduzent finanziert (gemeinsam mit SAT.1) die Neuverfilmungen und versammelt bekannte deutsche Stars der Gegenwart – Schauspieler wie Heiner Lauterbach, Mathieu Carrière, Joachim Król, Barbara Rudnik, Nina Hoss, Hannelore Elsner, Thomas Heinze.

Klar, dass auch Til Schweiger mit von der Partie ist: Mit seiner Darstellung in *Das Mädchen Rosemarie* hat Til dem

Til Schweiger in ›Die Halbstarken‹

Freund Bernd Eichinger einen Gefallen getan; auch zu der
Hauptrolle in *Die Halbstarken* überredet ihn der Produzent:»Ich wollte die Rolle eigentlich gar nicht spielen, ich
dachte, ich sei zu alt. Aber Bernd überredete mich, und
dann habe ich zugestimmt«, erzählt Til Schweiger über seine Mitarbeit an den ›German Classics‹.
Bernd Eichinger hat Til Schweiger schon zu *Manta, Manta*-
Zeiten eine große internationale Karriere vorausgesagt, eine Karriere, die der Produzent zu fördern gewillt ist. Für
die Presse gilt Eichinger als so etwas wie der geistige Vater
von Til Schweiger, doch der Schauspieler betont immer
wieder, dass er schon einen Vater habe, einen leiblichen,
und das sei sicherlich ausreichend. Bernd Eichinger verdanke er einfach sehr viel – da klingt Ehrlichkeit durch und
ein Gefühl von Freundschaft. Eichinger hat ihm damals mit
Manta, Manta eine Chance gegeben, und mit *Der bewegte
Mann* verhilft er dem Schauspieler zum ganz großen
Durchbruch. Eine Zeit lang ist er eine Art Mentor für Til
Schweiger, aber eines Tages wird jeder Zögling erwachsen
und jeder Schüler findet seinen eigenen Weg.

Bernd Eichinger (l.) ist eine Art Mentor für Til (Sandra Speichert und Til Schweiger)

Seinen ersten selbst produzierten Film *Knockin' on Heavens's Door* widmet Til dem Freund, und Eichinger übernimmt Til zuliebe sogar eine kleine Rolle in dem Film. Ein schwieriges Unterfangen für den Produzenten, denn Spielen ist seine Sache nicht. Sein Metier ist ein anderes, er produziert Filme, verleiht sie und hat Erfolg. Unter seiner Produktion entstanden Filme wie *Christiane F. – Wir Kin-*

der vom Bahnhof Zoo, Letzte Ausfahrt Brooklyn, Werner –
beinhart, Das Geisterhaus, Fräulein Smillas Gespür für
Schnee. Von seinen Büros in München und Los Angeles
aus mischt er seit Jahren im internationalen Filmgeschäft
mit.

Angefangen hat Bernd Eichinger nach seiner Ausbildung
an der Filmhochschule in München bei der Bavaria. Im Alter von gerade 29 Jahren wird er zum Geschäftsführer der
damals schlecht laufenden Constantin-Filmgesellschaft.
Seine Erfolgsgeschichte ist filmreif: »Aufstrebender deutscher Produzent braucht auf der Stelle zehn Millionen
Dollar für einen Film, sonst kann er nicht weiterdrehen.
Nach Ansicht erster Muster, mit denen er nach Hollywood
geflogen ist, bietet ihm ein Studioboss doch noch acht Millionen Dollar. Ich brauche aber zehn, sagt der Produzent,
sonst bin ich pleite. Acht, erwidert sein Gegenüber, das ist
mein letztes Wort. Gut, sagt der Produzent, dann habe ich
drei Möglichkeiten: Entweder nehme ich die acht Millionen und bin pleite. Oder ich nehme sie nicht und bin auch
pleite. Und was ist die dritte Möglichkeit, will der Amerikaner wissen. Da geht der Produzent auf die Knie und fleht
ihn an«, berichtet Michael Althen (in: Süddeutsche Zeitung, 12.12.96).

Auf diese Weise hat Bernd Eichinger die zehn Millionen
bekommen, die er brauchte, um *Die unendliche Geschichte*
fertig zu stellen. So erzählt er es zumindest, und die
Branche liebt solche Geschichten. Sie braucht sie auch,
denn ohne den Glauben an Wunder könnte sie nicht existieren. Wunder zu realisieren, das bleibt ein Motto für
Eichinger. Er ist sicher einer derjenigen, die in den letzten
zehn Jahren maßgeblich daran beteiligt sind, den deutschen Film für das breite Publikum interessant zu machen
beziehungsweise wieder eine deutsche Filmindustrie mehr
und mehr aufzubauen. Aber auch oder gerade ein Bernd
Eichinger muss sicherlich aufpassen, dass der legitime
Wunsch, die Zuschauer zu unterhalten, nicht zu billigen
Klamotten führt.

Mit den ›German Classics‹ jedenfalls erfüllt sich Bernd Eichinger einen Traum. Speziell die Nachkriegsjahre haben ihn gereizt für eine Neuverfilmung: »Es war eine Zeit, in der große Träume geträumt wurden, eine Zeit, in der eine neue Gesellschaft entstand – fast wie im Wilden Westen«, begründet Eichinger seine Leidenschaft.

Die fünfziger Jahre mögen zwar die Zeit der großen und der kleinen Träume gewesen sein, der Wildweststimmung, wenn man denn so möchte, doch waren es die zerstörerischen Auswirkungen des Krieges, die die Familienverhältnisse bestimmten: Väter waren nicht mehr da oder mussten erst mühsam wieder eine Vaterrolle übernehmen, ganze Familienstrukturen waren zerrissen. Moralvorstellungen hatte man aus der Zeit des Nationalsozialismus und des Kaiserreichs herübergerettet, und sie passten nur schwer zu den Erfordernissen einer modernen Gesellschaft und den Hoffnungen einer Jugend, die ausbrechen wollte aus den desolaten Verhältnissen.

Die Frage, warum ausgerechnet heute die fünfziger Jahre und die Filme jener Zeit ihre Ehrenrettung erleben, scheint berechtigt. Gibt es wirklich eine Seelenverwandtschaft zwischen der Ära Adenauer und der Ära Kohl, oder liegen die Wirtschaftswunderjahre in derart sicherer Entfernung, dass wir sie ungestraft putzig finden dürfen, grübelte Der Spiegel (50/96). Eine Antwort zu geben fällt schwer; sicher kann man in den Neunzigern nichts von jener Wirtschaftswunderstimmung finden, doch scheinen der Wille zu einer Restauration bürgerlicher Werte, der Wunsch nach Unbeschwertheit und die unpolitische Haltung des Einzelnen ungebrochen.

Es ist jedenfalls unwahrscheinlich, dass das aktuelle Interesse dem Kino der Fünfziger gilt, das einen schlechten Ruf hat: kitschig, beschönigend, realitätsfern. Das Interesse gilt im Grunde dem Zeitgeist, den die Filme jener Zeit widerspiegeln. Damals, als das Fernsehen noch nicht den siegreichen Zug durch die deutschen Wohnzimmer angetreten hatte, formulierte man in Kinofilmen die Träume der Men-

Bernd Eichinger erfüllt sich einen Traum mit den »German Classics«

schen, zeigte ihre Ängste sowie den Mief und die Enge jener Jahre.

Nachdem schon 1946 die Filmproduktion unter der strengen Kontrolle der Alliierten wieder aufgenommen worden war, gab es nur wenig Filme wie Wolfgang Staudtes *Die Mörder sind unter uns*, die eine kritische Auseinandersetzung mit der Vergangenheit versuchten. Meist tendierte man dazu, Probleme und Sorgen der Kriegsjahre in den Hintergrund zu drängen. Als 1949 die BRD gegründet wurde, schienen in der deutschen Kinolandschaft »die großen Trümmer weggeräumt und die kleinen unter den Teppich gekehrt worden zu sein«, wie Claudius Seidl anmerkt (in: Der Deutsche Film der fünfziger Jahre, München 1987).

Aber die Jugend war skeptisch, sie wollte keine Heimatfilme und Schlagerschnulzen mehr hinnehmen und identifizierte sich lieber mit James Dean, Marlon Brando, Jean-Paul Belmondo oder Alain Delon als mit dem deutschen Peter Kraus. Amerikanische und französische Rebellen eroberten die Herzen und Köpfe der deutschen Jugendli-

Obere Reihe: ›Es geschah am hellichten Tag‹, heute mit J. Król und B. Rudnik
… und damals: Heinz Rühmann
Untere Reihe: ›Charlys Tante‹ – ein echter Klassiker (H. Rühmann und Hertha Feiler)
Neuauflage mit Peter Alexander und Maria Seboldt

... und noch einmal mit Horst Krause und Thomas Heinze Sissy und Freddy träumen von einem besseren Leben (S. Speichert/Til Schweiger)

chen. Angesagt waren amerikanische Autos und Zigaretten, Rock 'n' Roll und Cool Jazz, ein Gefühl von Freiheit vielleicht, von der großen weiten Welt. Die Sehnsucht nach einem selbst bestimmten Leben in freiheitlicher Atmosphäre keimte auf.

Vielleicht fand Eichinger hier, in dem Versuch einer Revolte gegen verstaubte Moralvorstellungen und dem Wunsch nach Spaß und einem Leben ohne Entbehrungen, diese Wildweststimmung, die ihn zu der Neuverfilmung animierte und ihn veranlasste, gemeinsam mit seiner Crew viele verschiedene Filme aus dieser Zeit zu sichten, die Stimmung, Kolorit und Moralvorstellungen jener Jahre gut zum Ausdruck brachten.

Zwei der vier Filmprojekte, die Eichinger schließlich ausgewählt hat, um sie mit neuer Starbesetzung zu verfilmen, sind Genregeschichten, und er versetzt die Handlung in die Gegenwart. *Es geschah am hellichten Tag* und *Charleys*

Tante, zwei Filme, die beim Zuschauer zunächst das unvergessliche Bild von Heinz Rühmann hervorrufen, wie er als Kommissar verzweifelt versucht, einen Mädchenmörder zu fassen, bzw. wie er in Frauenkleidern für einige Turbulenzen sorgt. Die Komödie *Charleys Tante* ist ein relativ zeitloser Klassiker, der immer wieder erfolgreiche Neuauflagen erlebte; so stand in den sechziger Jahren Peter Alexander als begehrte Dame vor der Kamera. Sönke Wortmann hat sein Remake mit Thomas Heinze besetzt, und ihm gelingt der Transfer in die Neunziger mühelos. Selbst da, wo Technoparties und Handywahn einer neuen deutschen Jugend hemmungslos übertrieben scheinen, bleibt der Plot glaubhaft. Die anderen Geschichten sind dem Genre des ›deutschen Problemfilms‹ entnommen und mühen sich um eine kritische Auseinandersetzung mit der Lebenssituation in den fünfziger Jahren. *Die Halbstarken* und *Das Mädchen Rosemarie* zeigen die negativen Auswirkungen dieser Zeit und versuchen die Verlogenheit der vorherrschenden Ideale und Moralvorstellungen aufzudecken.

Mit dem Film *Das Mädchen Rosemarie* gibt der Produzent zugleich sein Regiedebüt, und die Kritik bescheinigt ihm einhellig ein gutes Gespür fürs Filmemachen. Die Geschichte der Prostituierten Rosemarie Nitribit, die am 29. November 1957 erdrosselt aufgefunden und deren Mörder nie gefunden wurde, verhalf in den fünfziger Jahren Nadja Tiller zu ihrem großen Durchbruch. Für die Neuauflage, versichert Eichinger, habe er nur eine einzige Probeaufnahme gemacht mit Nina Hoss. Über ihre erste größere Filmrolle erzählt die junge Schauspielerin: »Damals nach dem Krieg hat Rosemarie eine ganz starke Sehnsucht nach einem besseren Leben, Sehnsucht nach Geborgenheit, nach Luxus.« Rolf Thieles Film hat damals für großes Aufsehen gesorgt, ein Sittenskandal, der viel mit den Moralvorstellungen der damaligen Zeit zu tun hat und mit dem Wirtschaftswunder. Eichinger gibt an, eine eigene Sichtweise gefunden zu haben, eine, die mit der Sichtweise jener Zeit aufräumen würde und Aufstieg und Fall der Rosemarie zeige, ohne sie zu verurteilen. Detailgetreu zeichnet er die Motive ihres Handelns nach und versucht sich und dem Zuschauer ein Bild zu geben von der jungen Frau, die eine »kindhafte Reinheit und mörderische Kraft vorwärts zu kommen in sich vereint. Wie ein Tanker, der auf einen Eisberg zusteuert«, beschreibt Eichinger das Verhalten von Rosemarie, »man weiß genau, nicht der Tanker wird zerbrechen«.

Ein kleiner Traum vom großen Glück: »Die Halbstarken«

Der Film *Die Halbstarken* setzt sich – ähnlich wie *Das Mädchen Rosemarie* – ganz explizit mit der Stimmung in den fünfziger Jahren auseinander. Urs Egger inszenierte diese Geschichte um eine Bande von Jugendlichen, die ihrem tristen Leben entgehen wollen und einen Coup planen, um schnell an das große Geld zu kommen, das sie benötigen, um ihre Träume zu verwirklichen.

Freddy/Til Schweiger ist der Bandenführer, er denkt sich die größten ›Coups‹ aus, er hat die größte Klappe und die hübscheste Freundin. Wenn er genug Geld zusammenhat,

Sissy und Freddy träumen von einem besseren Leben

will er seine Sissy (Sandra Speichert) heiraten, ihr eine
wunderbare Wohnungseinrichtung kaufen und dafür Sorge
tragen, dass sie nie wieder arbeiten muss. Biedere Träume,
nicht weit entfernt von dem Leben der Eltern und doch
ganz weit weg. Der Weg zum Geld soll schneller sein, Entbehrungen soll es keine geben, sondern pralles Vergnügen,
Luxus. Die Träume der Jugendlichen finden jedoch ein
jähes Ende, als Sissy und Freddy nach einem geplatzten
Postraub in ein Wohnhaus einbrechen, einen alten Mann
erschießen und Sissy in der Folge zu Tode kommt.

Neuer Anfang, alte Story: Horst Buchholz war der Star in
dem ›alten Drama‹, das in den fünfziger Jahren unter der
Regie von Tressler einen großen Erfolg verbuchte. Mit
Horst Buchholz hat das deutsche Kino einen männlichen

*Horst Buchholz spielte in den 50er Jahren Freddy in ›Die Halb-
starken‹*

Star, der mit den amerikanischen Vorbildern mitzuhalten versuchte. Mit Filmen wie *Himmel ohne Sterne* (1955) von Helmut Käutner, für den er den Bundesfilmpreis erhielt, oder Kurt Hoffmanns *Bekenntnisse des Hochstaplers Felix Krull* von 1957 verschaffte er sich große Anerkennung und Erfolg in Deutschland und wurde durch sein Mitwirken in John Sturges' *Die glorreichen Sieben* weltbekannt. Die Rolle, auf die er jedoch am meisten angesprochen wird, ist und bleibt die des Freddy Borchert in *Die Halbstarken*. Noch heute identifiziert er sich mehr oder weniger mit dieser Darstellung, wenn er seine Ablehnung begründet, in der Neuverfilmung den Vater von Freddy zu spielen: »Dieser Vater ist so grässlich bürgerlich gewesen, hat seine Frau und seine Söhne (aus Frust über das verlorene tausendjährige Reich) terrorisiert. Der war beim Publikum nicht beliebt, obwohl damals die Väter doch noch Autorität hatten und Zustimmung für ihr Verhalten erwarten konnten. Als Freddy war ich ganz entschieden gegen meinen Vater, und dennoch stand das Publikum hinter mir. Ich kann also dem Publikum, das den Film damals mit mir gesehen hat, nicht plötzlich den Vater zumuten. Ich könnte mir vorstellen, dass die entsetzt wären, wenn ich heute diese Rolle gespielt hätte.« (Im Gespräch mit: Thomas Thieringer in: SZ, 21./22.12.96)

Zu Til Schweiger in der Rolle des Freddy hat Horst Buchholz eine positive Einstellung, er freue sich, dass Leute wie Til heute wieder aufgebaut werden, und der Kölner Stadtanzeiger frohlockt: »Schweiger war der absolute Star in einem Jugenddrama, das mit großem Aufwand viel Härte und noch mehr Schwung des Unterhaltungskinos der Neunziger befriedigte … Schweiger, der als sprücheklopfender Bandenführer eine seiner stärksten Leistungen ablieferte, spielte alle anderen Darsteller an die Wand.« (Emmanuel van Stein in: KStA, 22.12.96)

Vergleicht man die beiden Filme, fällt auf, dass die Figuren in der Originalversion viel verlorener wirken als ihre Nachfolger aus den Neunzigern, sehnsüchtig nach Abenteuern,

Til Schweiger als sprücheklopfender Bandenführer

nach Freiheit. Der moderne Freddy/Til Schweiger wirkt
weicher, offener, fast so, als könne er es sich leisten, netter
zu sein, weil seine Seele nicht so einsam, so verletzt ist.
Freddy/Horst Buchholz ist verzweifelter, lebenshungriger
und unversöhnlich.

Auch die Gesichter der Menschen um die Protagonisten
herum sind kaputter, hungriger und einsamer als in der
neuen Version, die sich nur wenig von der Vorlage löst und
ihren Helden ganz nach dem Vorbild Buchholz aufbaut,
ohne jedoch die Stimmung der fünfziger Jahre einzufan-
gen. Beinahe hat man den Eindruck, als könnten sich Produzent und Regisseur nicht entscheiden, ob sie die Verzweiflung der Jugendlichen darstellen wollen oder ein Re-
vival der Fünfziger feiern, mit den Klischeevorstellungen
von schneller Musik, schnellen Autos und einem schnellen
Leben.

Ein Märchen, der Taxifahrer, der Schauspieler und die Leidenschaft fürs Kino

Kino braucht Märchen, nicht nur auf der Leinwand, sondern auch vor und hinter der Leinwand. Es braucht die Geschichten von Menschen, die Kino machen, es braucht ihre Träume, ihre Energie, ihr Durchsetzungsvermögen. Geschichten von der Passion für das Filmemachen, von der Leidenschaft, Storys auf die Leinwand zu bringen, märchenhafte Geschichten, die dem Kino seinen Glanz und sein Geheimnis geben. Die Entstehungsgeschichte von *Knockin' on Heaven's Door* ist ein solches Märchen. Thomas Jahn, der Regisseur des Films, erzählt über seine Begegnung mit Til und darüber, wie dieses gemeinsame Projekt zustande gekommen ist: »Getroffen habe ich Til kurz vor Weihnachten 1994, das war im Dezember, klar, Weihnachten ist bekanntlich im Dezember. Ich war mit einem Freund in Köln unterwegs, Weihnachtsgeschenke

Ein Kinomärchen wird für Thomas Jahn Realität

einkaufen. In einem großen Kölner Buchladen guckte ich mich in der Abteilung für englischsprachige Original-videos um. Dann stand plötzlich Til da, und alle Leute haben ihre Bücher nur noch benutzt, um Til anzustarren. Eine Woche vorher hatte ich *Der bewegte Mann* gesehen. Natürlich kannte ich Til Schweiger, und er war auch ein toller Junge und hübsch, und die Frauen mochten ihn, aber ich habe diesen ganzen Krempel irgendwie nicht beachtet. Beim *Bewegten Mann* habe ich dagesessen, mir Til ange-schaut und gedacht: Hey, was ist los? Das hast du ja vorher gar nicht gesehen. Obwohl Til nicht sein ganzes Potential ausgereizt hat, konnte man spüren, was bei ihm dahinter steckte. Ich bin dann an jenem Tag in der Buchhandlung einfach hingegangen und habe ihm erzählt, was mir beim *Bewegten Mann* passiert ist. Er fragte, wie ich dazu kom-me, mich über irgendwelche schauspielerischen Talente auszulassen, und ich habe erzählt, dass ich Now-Budget-Filme mache. Dann haben wir zehn Minuten gequatscht, und er meinte auf einmal, ich sollte ihm ein Drehbuch schicken. Das habe ich natürlich auch gemacht. Zwei Wochen danach komme ich von der Arbeit nach Hause und drück auf den Anrufbeantworter. Das Ding läuft und läuft und läuft, und da hatte Til angerufen. Und dann ging es so, die ersten zehn Minuten waren Drehbuchanalyse, von wegen da sind Schwachstellen, da wird ein bisschen viel gelabert, aber insgesamt sei es dann doch das beste Drehbuch, das er je gelesen hätte. Dann hat er noch mal angerufen. Ich hatte ihm nämlich einen Brief geschickt, in dem ich ihm erklärt hab, dass ich einen 16-mm-Film in Schwarzweiß drehen wollte und ungefähr 60 000 Mark bräuchte. Til hat bei dem zweiten Anruf gesagt: Ich will diesen Film machen, ich werde ihn für dich machen und ich werde ohne Gage in deinem Film mitspielen. Ich habe noch nie so viele Zigaretten geraucht wie in den zehn Mi-nuten, die dann folgten. Ich wusste gar nicht, was ich ma-chen sollte, er hatte auch gesagt, dass ich ihn noch am sel-ben Abend zurückrufen sollte, weil er am nächsten Tag für einen Monat nach Amerika fliegen würde. Ich habe nicht angerufen, das habe ich einfach nicht geschafft, ich wusste ehrlich nicht, was ich machen sollte. Diese ganze verrückte Story musste sich erst mal setzen. Ich habe also den Monat vergehen lassen; als wir uns dann getroffen haben, war sehr schnell klar, dass wir den Film machen wollten. Til fragte: Sag mal, ist es das einzige, was du geschrieben hast? Ich habe ihm dann meine 15 Drehbücher erzählt, eine Story nach der anderen, und bei *Knockin'* hat er gesagt: Das ist es, das will ich machen. Lass uns das machen. Wir haben uns schon beim ersten Treffen sehr gut verstanden. Es ist ein schönes Gefühl, jemanden zu treffen, der dieselben Filme gesehen hat wie du, der dieselben Filme mag und der ganz einfach dasselbe Gefühl für Kino hat. Einen Konsens zu finden, und den so schnell zu finden, das ist cool. Wir haben ein Jahr lang an dem Drehbuch gearbeitet, da steckt unheimlich viel Energie von uns beiden drin, es ist eine tolle Geschichte ...«

Ein Märchen vom Tod und von der Weite des Meeres

Als Rudi (Jan Josef Liefers), nur mit einem Schlafanzug bekleidet, irgendwo am Rhein in einem Mercedes aufwacht, sieht er zunächst Martin (Til Schweiger) am Wasser stehen. Der hat auch einen Schlafanzug an und ballert mit einem Revolver herum. Rudi versucht sich zu orientieren, er hat einen ziemlichen Kater und den absoluten Filmriss, was die Geschehnisse der letzten Nacht betrifft. Was das für ein Auto ist, will er wissen. Ein 250er Mercedes SL, babyblau, sagt Martin und strahlt. Nicht unbedingt die Antwort, die Rudi hören wollte. Woher sie den Wagen hätten, will er wissen, und was das für ein Revolver sei. Martin wirkt aufgeregt, ein Junge auf der Suche nach großen Abenteuern, kleiner Mann im Marlboro-Land ... Der Revolver habe im Handschuhfach gelegen, und der Wagen sei geklaut, letzte Nacht im Krankenhaus. Sie hatten doch beschlossen, ans

Meer zu fahren, das hätte Rudi schließlich noch nie gesehen, und im Himmel wäre er deswegen ein verdammter Outsider, denn da oben redeten sie immer über das Meer, über den Geschmack des Wassers, das Geräusch der Wellen, die Weite des Horizonts und den Sonnenuntergang, na ja, und da könnte Rudi dann nicht mitreden, niemals. So war das gewesen, gestern abend, als sie inmitten von Salz und Zitronen in der Krankenhausküche gesessen und Tequila getrunken haben, um die Angst zu betäuben. Die Angst, dass alles bald zu Ende sei, die Angst vor dem Tod. Gerade erst hatten die beiden erfahren, dass sie nicht mehr lange zu leben haben: Gehirntumor bei Martin, Knochenkrebs bei Rudi. Es ist die alte Geschichte von »Was würdest du tun, wenn du nur noch eine Woche zu leben hättest?« – »Alles an die Freunde verteilen«, würde Til Schweiger und »ans Meer fahren mit allen Freunden« Jan Josef Liefers.

Von da an wird die Geschichte zum Roadmovie und beweist, dass dies kein ausschließlich amerikanisches Genre ist, sondern auch auf Deutschlands Straßen spannend, lustig und einfühlsam rübergebracht werden kann: »Ein Witz, ein Gag, ein Strickmuster, eine Mischung aus Roadmovie und Männerfilm«, schreibt die Rheinische Post und erinnert an Wim Wenders' *Im Laufe der Zeit,* »wo zwei Freunde entlang der damaligen DDR-Grenze fahren, an einem Kino Halt machen und von ihren großen und kleinen Träumen erzählen … Til Schweiger hat sich als Produzent den Traum erfüllt, so ganz aus dem Vollen zu schöpfen. Die Musik von Selig und den Toten Hosen ergänzt das Bild; Kamera und Schnitt sind auf der Höhe, das ist alles hart aneinander geschnitten, mit kurzem, prägnantem Witz angefüllt, die Pointen wie Kabarettnummern zugeschnitten.« (Heiko R. Blum in: RP 21.2.97) Außerdem gelingt es Jahn, seine Story irgendwo in einem cineastischen Niemandsland anzusiedeln. Die Landschaften sind so aufgenommen, dass sie erst auf den zweiten Blick deutsch wirken, die Stimmung und die Atmosphäre bleiben international. Die Handlung spielt ›nowhere‹, und das sollte auch im

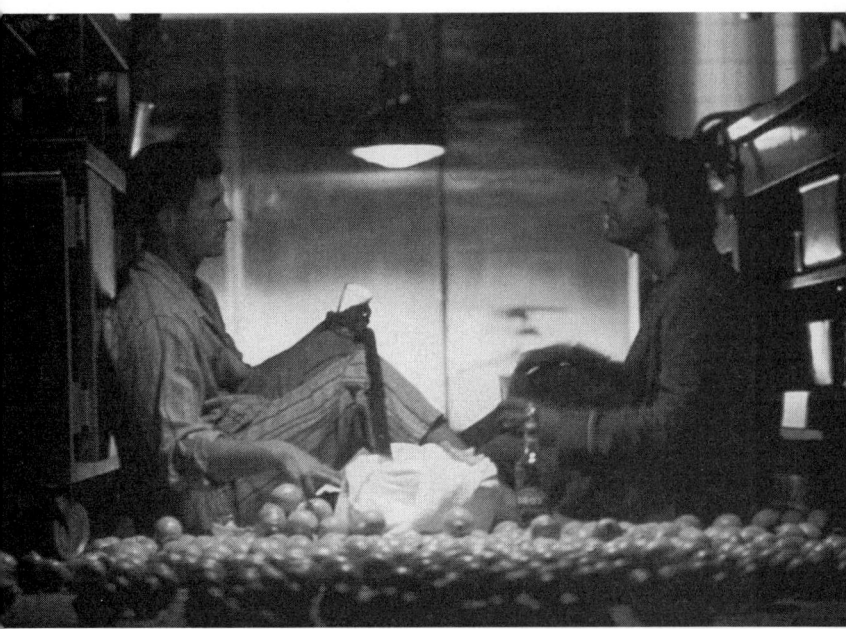

Tequila in der Krankenhausküche (Til Schweiger/Jan Josef Liefers)

Autokennzeichen NW zum Ausdruck kommen, doch leider war das Kennzeichen schon von der schönen Ortschaft Neuwied belegt. Auf dem Nummernschild steht nun NA, das hat zwar keine tiefgründige Bedeutung, schmunzelt Jahn, existiert dafür aber nicht in Deutschland.

Knockin' erzählt die Geschichte von zwei ganz unterschiedlichen Typen, die sich auf ihrem gemeinsamen Weg immer näher kommen und schließlich Freunde werden. Martin ist der Draufgänger, er flirtet mit den Krankenschwestern, raucht wie ein Schlot und ist nie um einen guten Spruch verlegen.

Til Schweiger in seiner besten Rolle? Er gibt der Figur eine überzeugende Mischung aus kindlicher Naivität und Draufgängertum, er vereinigt Machomanieren mit einem schelmischen Blick, sodass man ihm jeden Unfug verzeiht, deutet mit der Stimme an, dass hinter den coolen Sprüchen

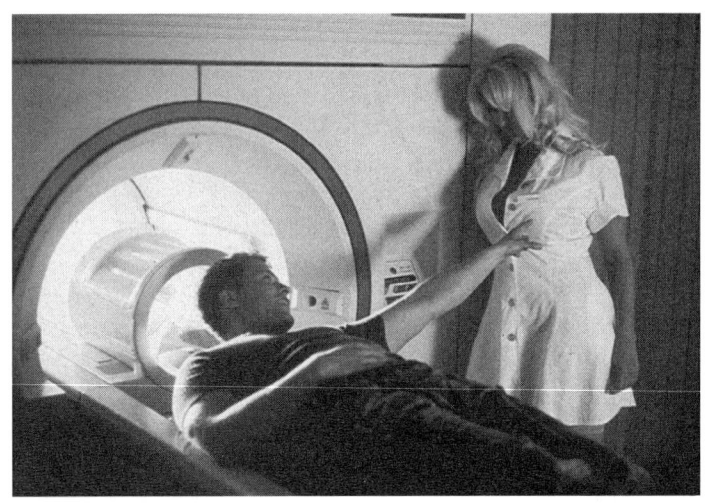

Martin der Draufgänger flirtet mit der Krankenschwester (J. Elvers)
… und raucht wie ein Schlot

sanfte Gefühle versteckt sind, und manchmal blitzt so etwas wie Angst aus den Augen.

Rudi dagegen ist der Schüchterne, er ist zurückhaltend bei den Frauen, raucht nicht und sucht immer lange nach den richtigen Worten. Das mit dem geklauten Auto kann er auch gar nicht recht glauben, aber jetzt haben sie das Auto nun mal, und wie sollen sie auch sonst zum Meer kommen? Als Martin versucht, den Tankwart um die Zeche zu prellen, und dabei auch noch den Revolver ins Spiel bringt, will Rudi ihn von einem ›bewaffneten Raubüberfall‹ unbedingt abbringen. Am Ende bedroht er den Tankwart selbst mit der Waffe, Panik in den Augen. Jan Josef Liefers, der fast zeitgleich zu *Knockin' on Heaven's Door* in Helmut Dietls Erfolgskomödie *Rossini oder die mörderische Frage, wer mit wem schläft* sein Talent unter Beweis stellte, verkörpert die Figur des Rudi mit sehr viel Sensibilität und gibt ihr etwas Weiches, Verwirrtes. Es gelingt ihm gleichsam, die Schüchternheit, das Akkurate und das Erstaunen über das, was passiert, auszudrücken.

Ganz anders der schüchterne Rudi (Jan Josef Liefers)

Eine schöne Persiflage des klassischen Tankstellenüberfalls ist diese Szene: Anstatt mit zwei coolen Gangstern haben wir es mit zwei netten Jungs zu tun, die eigentlich nur dabei sind, sich einen Wunsch zu erfüllen, und mehr durch Zufall und ihre Naivität in ›gesetzeswidrige Situationen‹ geraten: Zufällig ist im Auto ein Revolver, und zufällig fällt der in der Tankstelle auf den Boden, der Überfall ist dann lediglich die Konsequenz. Martin weiß zwar auch nicht so recht, wie ihm geschieht, aber im Gegensatz zu Rudi ist er von der Notwendigkeit überzeugt, dass er das jetzt durchziehen muss. Mit wenigen Worten und einem gleichsam verschmitzten und angespannten Gesichtsausdruck bringt Til Schweiger in diesem Moment die Gefühle von Martin rüber: ein kleiner Betrüger, der handelt, ohne großartig darüber nachzudenken, der versucht, seine Angst zu überspielen, und dabei ein kleines bisschen zu dick aufträgt, sodass am Ende doch jeder mitbekommt, wie unwohl er sich fühlt – und genau das macht ihn sympathisch.

Als Martin und Rudi dann später im Kofferraum des Autos auch noch einen Koffer mit einer Million Mark finden,

Coole Gangster oder nette Jungs? (J. J. Liefers/Til Schweiger)

Erfolgreiches Duo: Henk und Abdul (T. van Werveke/M. Bleibtreu)

können sie es gar nicht fassen: Ein Glücksauto! Im Luxus-
hotel, in dem sie sich kurz danach einmieten, genießen sie
das edle Zimmer in vollen Zügen. Wie Kinder toben sie
durch die feudale Einrichtung, bestellen sich die Speise-
karte einmal rauf und runter und lassen sich den Cham-
pagner schmecken. Das kann Spaß machen, und den Spaß
kosten sie aus, das spürt man bis in die letzte Zuschauer-
reihe. Das kann Til Schweiger, toben auf der Leinwand, das
Vergnügen rüberbringen, zeigen, dass man nicht alles ver-
gessen muss, was man als Kind gelebt hat.
Und dann wird die Geschichte zum Krimi: Das geklaute
Auto mit der Million gehört zwei Gangstern – hervorragend: der luxemburgische Star Thierry von Werveke und
Moritz Bleibtreu, der über die Rolle erzählt, dass es die
dankbarste Rolle im ganzen Film sei und er eine große
Freiheit im Spiel hatte. »Es ist eine Rolle, in der man überhaupt nicht man selber ist, sondern etwas ganz anderes
spielen kann.« Das Duo Abdul–Henk ist sogar so erfolg-

reich, dass Thomas Jahn für Warner eine Fortsetzung drehen wird.

Die Gangster wollen ihren Wagen unbedingt wiederhaben, und seit der Geschichte mit der Tankstelle ist auch die Polizei hinter Rudi und Martin her. Die beiden lassen sich immer mehr zuschulden kommen. Irgendwie erinnert das Ganze an die Geschichte von ›Billy the Kid‹, an ›Bonny and Clyde‹, für die Polizei sind die beiden Gangster, Verbrecher, aber tatsächlich geraten sie einfach von einem Coup in den nächsten, sie haben ein Auto, aber kein Benzin, so besorgen sie sich welches. Sie haben ein Auto und Benzin, aber nichts zum Anziehen, also kleiden sie sich ein usw. ... Sie haben keine bösen Absichten, sie wollen sich noch nicht einmal wirklich bereichern, einfach nur ans Meer fahren und Spaß haben, sich Wünsche erfüllen, die sie schon immer hatten und die sie sich nie erfüllt haben und nie erfüllen konnten (der Luxuswagen, ein Nachbau des legendären Elvis-Wagens für Martins Mutter, zwei Frauen, die Rudi gleichzeitig verwöhnen). Sie haben Angst, aus dem Leben zu verschwinden und irgendetwas nicht gemacht oder zumindest wenigstens versucht zu haben. Und da betrifft der Film, macht betroffen. In Form eines Märchens wird daran erinnert, dass jeder Wünsche und Träume hat; wenn man mit dem Tod konfrontiert wird, denkt man daran, manchmal. Oder man geht ins Kino und bekommt es erzählt.

Ein sehr eigener Erzählstil

Knockin' on Heaven's Door erzählt vom Tod und erzählt doch nicht von ihm; die Angst und die Krankheit bleiben außen vor, denn es geht um das Leben, das angesichts der Endgültigkeit des Todes eine andere, eine neue Dimension bekommt. In *Knockin'* gibt es Gangster und Revolver, und es gibt sogar Schießereien, aber es gibt kein Blut, keine Verletzten, keine Toten. Jahn zitiert Tarantino, alte Gangsterepen, Westernstorys, aber er findet einen anderen Umgang mit dem Tod. »Es gibt nichts Schöneres für mich, als Menschen im Kino zu erschießen«, erklärt der Regisseur provokant, um dann fortzufahren: »Ich werde sicher in meinem nächsten Film Leute erschießen. Bis zu einem gewissen Grad liebe ich nämlich die Gewalt im Kino, weil sie eben so ungefährlich ist. In *Knockin'* konnte ich allerdings niemanden erschießen, dann würde ich mir ja das Ende wegnehmen. Ich kann nicht auf eine recht vorsichtige Art und Weise vom Tod sprechen und gleichzeitig am laufenden Band Leute sterben lassen. Dann ist der Tod nichts Besonderes mehr.«

Thomas Jahn ist stattdessen eine slapstickhafte Inszenierung der Gewalt gelungen, Schießereien, die aussehen wie im wildesten Gangstergenre und gleichzeitig eine Persiflage bleiben, so wie die grünen Polizeiautos, die wie eine Karikatur der Wagen von amerikanischen Cops wirken.

Rudis Traum von zwei Frauen geht in Erfüllung ...

T. Jahn inszeniert wilde Schießereien ohne Tote

Und das ganze Blei, das durch die Luft fliegt, gleicht einem Gewitter, einem friedlichen Gewitter, das nichts als Bleischäden hinterlässt. »Ich erhöhe einfach künstlich die Fallhöhe, und das ist das, was meiner Ansicht nach funktioniert: Wenn du den Zuschauer packst, er fährt mit dir die Achterbahn hoch und macht das mit, und er fährt mit dir wieder runter, und er macht das mit. Das ist das, was wir in Hamburg erlebt haben, dass die Leute sagen: Ja, wir fahren mit euch mit, wir lassen uns darauf ein. Die haben zehn Minuten lang Standing Ovations gegeben.«
Für diesen Moment haben die beiden lange gearbeitet …

Ein Schauspieler als Produzent und ein Taxifahrer als Regisseur

Ein Jahr lang arbeitet Til Schweiger gemeinsam mit Thomas Jahn intensiv an dem Drehbuch. Danach ist für ihn klar: Das Projekt möchte er nicht wieder aus der Hand ge-

»Ein Film, wie ich mir den erträume ...«, schwärmt Til

ben. »Ich habe eine eigene Auffassung, einen eigenen Traum von Film. Wenn ich ein Drehbuch lese, läuft die Geschichte in meiner Phantasie anders ab, als wenn ich sehe, wie Drehbücher dann verfilmt werden. Als Schauspieler hast du keine Mitsprache, und bei *Knockin'* habe ich mir gesagt, ich will den Film jetzt einfach mal so machen, wie ich mir den erträume. Ich habe das Buch mit Thomas geschrieben, und ich habe gesagt, das gebe ich nicht her, das will ich selbst machen, um zu zeigen, wie ich mir einen Film vorstelle … Als Schauspieler nützt es dir nichts, wenn du eine tolle Rolle hast in einem schlechten Film. Du hast mehr davon, wenn du eine uninteressante Rolle hast in einem guten Film.«

Den Film selbst produzieren, das ist leichter gesagt als getan. Das bedeutet zunächst volles Engagement in einem Jahr, in dem Til Schweiger insgesamt fünf Filmprojekte hat *(Adrenalin, Das Mädchen Rosemarie, Die Halbstarken, Brute, Knockin')*. Es heißt, das Geld aufzutreiben, um den Film zu finanzieren. Til Schweiger gründet seine eigene Produktionsfirma, Mr. Brown Entertainment.

»Til hat die Fähigkeit und die Persönlichkeit, eine solche Sache erfolgreich zu realisieren, man kann aber auch sagen, dass allgemein eine neue Selbstständigkeit und ein neues Selbstbewusstsein unter den Schauspielern herrschen, was die Vorstellung von Film angeht. Das führt zwangsläufig dazu, dass sie mehr eingreifen wollen«, erklärt Mechthild Holter zu der Situation, und sie weiß, wovon sie spricht: Mit ihrer Schauspielagentur ›Player‹ betreut sie Schauspieler wie Jürgen Vogel, Corinna Harfouch, Meret Becker oder Jan Josef Liefers. Til Schweiger war lange Jahre bei ihr, sie hat seine Entwicklung mitverfolgt und an der Rollenauswahl mitgewirkt.

Mechthild Holter und andere aus der Branche, Regisseure wie Detlev Buck und Helmut Dietl oder Schauspieler wie Hannes Jaenicke und Jasmin Tabatabai sind sich einig, dass Til mit *Knockin'* einen wichtigen Beitrag für die Entwicklung des deutschen Films geleistet hat und beweisen konnte, dass in Deutschland noch viel möglich ist, was den Film angeht. Schauspieler und Regisseure wollen mehr Kontrolle über die Projekte, in denen sie mitwirken. Leute wie Dani Levy und Detlev Buck, die Regisseur, Autor und Schauspieler sind und auch an der Produktion beteiligt sind, wie Peter Lohmeyer, der bereits zweimal als Koproduzent bei einem Film eingestiegen ist *(Bunte Hunde* und *Die Mutter des Killers),* oder wie Jürgen Vogel, der so überzeugt von der Drehbuch- und Regiekunst eines Matthias Glasner ist, dass er in dessen Filmen nicht nur gerne eine Hauptrolle übernimmt (*Sexy Sadie* hat Glasner für Jürgen Vogel und Corinna Harfouch geschrieben), sondern auf der Produktionsebene mithelfen will, dessen Projekte zu realisieren. Dass solche Unternehmungen erst heute mehr und mehr möglich sind, das hat einen sehr einfachen Grund, erläutert Helmut Dietl: »Stars können sich erst seit kurzem einmischen, weil es erst seit kurzem Stars gibt.« Dieses ›Sich-einmischen-Wollen‹ sei verständlich, wenn man bedenkt, dass sowohl Schauspieler als auch Regisseure häufig mit einer Passion an ein Filmprojekt herangehen, die vielen Produzenten fehlt.

»Meine Firma Mr. Brown Entertainment, das ist meine große Leidenschaft«, eröffnet Til Schweiger und erzählt von seiner Tour de Force, um das Geld für das Projekt aufzutreiben. »Irgendwie haben die Leute wahrscheinlich gedacht: Til Schweiger als Produzent und ein Taxifahrer als Regisseur? No way für den Film.« Nicht ohne Stolz fährt Til fort, über die Produktion zu sprechen, es ist, als rede er von jemand anderem, als ginge es gar nicht um ihn. Sein Ruhm wird zum Mittel für den Zweck, das Geld aufzutreiben. »Til Schweiger ist zur Zeit so was wie ein Star hier, und da haben wir das Geld bekommen. Eigentlich schade, dass es das Geld nicht einfach für ein gutes Projekt gibt.« Wobei einer der wichtigsten Produktionspartner, die Filmstiftung NRW, die ganze Zeit an das Projekt geglaubt hat. Dieter Kosslick, der Geschäftsführer der Filmstiftung NRW, schwärmt von dem mitreißenden Enthusiasmus, den

Eine gute Werbekampagne für ›Knockin' on Heaven's Door‹

Til an den Tag gelegt habe, und dasselbe bescheinigt ihm auch der Geschäftsführer des finanziell wichtigsten Produktionspartners, Buena-Vista-Chef Wolfgang Braun: »Ausschlaggebend für unser Engagement bei diesem Projekt war sicher die mitreißende Überzeugungskraft von Til Schweiger.«

Til Schweiger ist es gelungen, mit Buena Vista einen Produktionsdeal abzuschließen. Es war der erste, den dieser Hollywoodverleih in Deutschland getätigt hat. Bisher hat die Firma aus dem Hause Disney zwar gelegentlich deutsche Filme verliehen und vermarktet, aber dass sie Gelder in die Produktion steckt, das ist neu. Doch auch den Bossen in den USA konnte der wirtschaftliche Erfolg des deutschen Films nicht entgehen.

Deutschland ist der zweitgrößte Filmmarkt nach den USA, und hier zu investieren heißt, Gewinne einstreichen zu

124

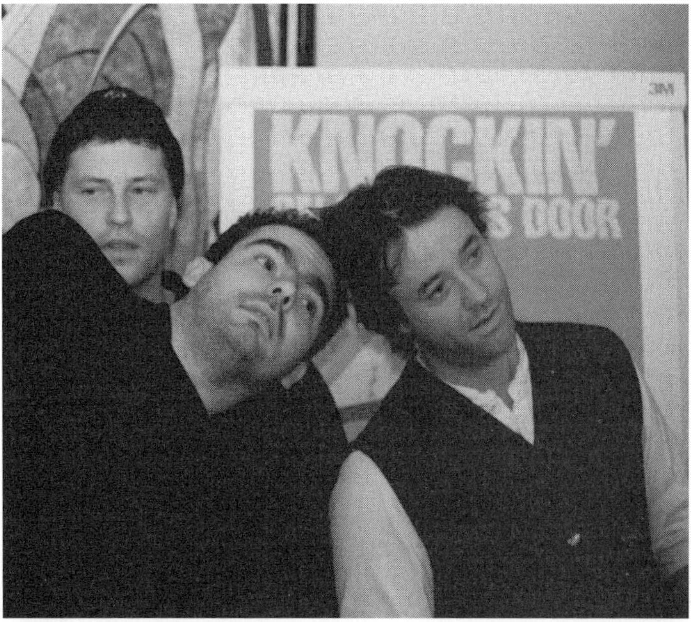
3M
KNOCKIN'
DOOR

3M
HEAVEN'S

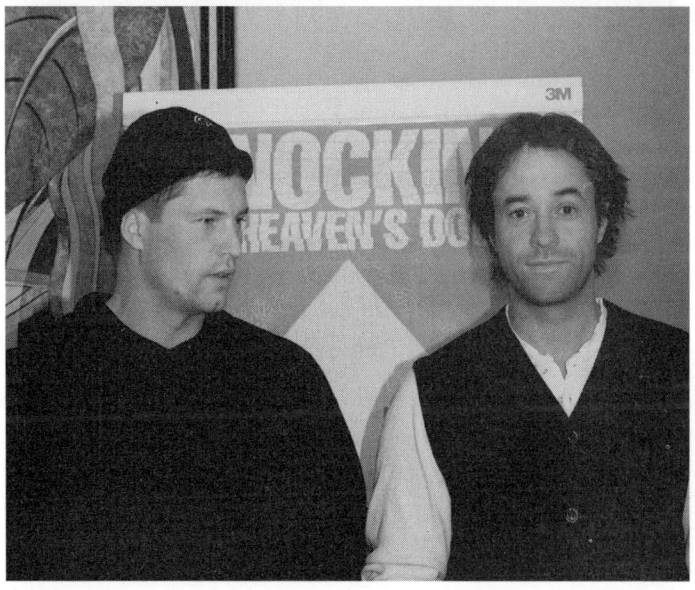

können; Buena Vista hat das schnell gesehen und handelt entsprechend.

Der deutsche Film ist ein wirtschaftlicher Faktor. Das Know-how amerikanischer Vermarktungsstrategien hilft dabei, die neuen Kinoerfolge auszuweiten und zu stabilisieren. Man kann sich über den Nutzen und Schaden riesiger PR-Kampagnen streiten, aber in den USA weiß man immerhin, wie man einen Film vermarktet. Bei *Knockin'* wird für den Filmstart ein riesiges Werbebudget aufgewendet: fünf Millionen Mark – genauso viel wie für die Produktion des Films ausgegeben worden war. Buena-Vista-Chef Braun antwortete auf die Frage, was ein deutscher Film brauche, um gegen Hollywood zu bestehen: »Eine gute Werbekampagne und einen Start mit ausreichend Kopien.« Ausreichend, das heißt im Fall von *Knockin'*: 500!

Und dann gelingt es Til Schweiger tatsächlich auch noch, Thomas Jahn als Regisseur durchzusetzen, einen vollkommen unbekannten jungen Mann für ein Fünf-Millionen-Mark-Projekt … »Thomas hat es gar nicht geschnallt, als ich über die Regie sprach«, amüsiert sich Til Schweiger. »Ich war mit meiner Frau und meinem Sohn Valentin zum Essen bei ihm. Dana sollte mit der Videokamera so tun, als ob sie Valentin filmen würde, dabei wollte ich das Gesicht von Thomas auf Band haben.« Und tatsächlich, Thomas Jahn war davon überzeugt, dass die Story für ihn gelaufen sei: »Ich war sicher«, erzählt der Regisseur, »dass mein erstes Drehbuch verkauft ist und ich raus bin aus der Sache. Ich habe nie gedacht, dass ich Regie machen würde. Dafür, dass Til das möglich gemacht hat, bin ich ihm ewig dankbar. Er ist da ein Risiko eingegangen, das nicht normal ist. Er hat sich vor mich gestellt und gesagt, ich vertraue dem Jungen, und wenn der es nicht macht, macht es kein anderer. Wer verhält sich denn so? Man lernt jemanden kennen, arbeitet ein Jahr zusammen und gibt ihm dann diese Chance, sich seinen allergrößten Traum zu erfüllen, das ist schon Wahnsinn.«

Ohne Zweifel, das war ein guter Zug von Til, ein gemeinsam begonnenes Ding auch gemeinsam zu Ende zu bringen. Das zeigt, dass es hier um die Sache geht, um den Film, um die Leidenschaft für ein gutes Projekt.

Das heißt natürlich nicht, dass bei den zweien immer nur ›Friede, Freude, Eierkuchen‹ geherrscht hätte und sie, wie Thomas Jahn es ausdrückt, »Händchen haltend übers Set gelaufen sind und gegrinst haben«. Es wurde auch gebrüllt und gestritten, aber es ging immer um kreative Dinge, es ging immer um den Film. »So uneitel zusammenzuarbeiten wie mit Til Schweiger, das macht wirklich Spaß.«

Reibereien kann es schließlich geben zwischen dem Regisseur und dem Produzenten, denn als solcher hat Til eine ganz neue Rolle: Auf einmal müssen ihn auch die Kosten eines Films interessieren. Beim Dreh kann er nicht unbeteiligt bleiben, ist er nicht nur Schauspieler, sondern sieht das Ganze auch mit den Augen eines Produzenten. Eine Doppelbelastung, die nicht immer einfach ist. Als Thomas Jahn einmal einen Kran aufbauen lässt, just in dem Moment, als die Sonne untergeht, greift er ein: »Ey, lass uns das irgendwie anders drehen, wir schieben den Kran weg und machen das anders. Die Sonne geht unter, das kostet mich hier ein Heidengeld, und ich komm hier morgen nicht noch mal her.«

Jahn beharrt auf seinem Standpunkt, und es kommt zum Krach. »Wenn wir uns so richtig fetzen, dann ist Til jemand, der dich anguckt, plötzlich abbricht, sich umdreht und geht«, erklärt Thomas Jahn. »Das ist oftmals viel härter, als wenn er den Kampf weitermachen würde, das macht einen so rasend. Einmal rief ich ihm hinterher, Til bleib jetzt stehen, und er meinte, wenn wir hier was auszutragen haben, dann lass uns das in meinem Wohnwagen machen. Das ist toll, nicht einfach auszuklinken und immer weiter zu streiten vor allen Leuten, die vielleicht noch nicht einmal damit umgehen können. Oft sehen die Dinge auch für andere viel härter aus, als sie es tatsächlich sind. Man selbst kommt sehr schnell auf den Boden zurück und stellt fest, dass da jemand ist, mit dem man ernsthaft und gut zusammenarbeiten kann.«

Ein Who's who deutscher Schauspieler

Dreharbeiten, die von zwei passionierten Filmern geprägt sind, Dreharbeiten, die deswegen zu etwas Besonderem werden, die eine besondere Stimmung in sich tragen. Moritz Bleibtreu, der den Ganoven Abdul spielt, schwärmt von der Stimmung am Set: »Ein wichtiger Unterschied ist sicher der, dass Thomas Jahn als Regisseur ganz anders ist als einer, der von der Filmhochschule kommt und das schon jahrelang gemacht hat. Da herrscht nämlich eine ganz gewisse Autorität, es gibt ein festgelegtes Verhältnis zwischen Schauspielern und Regisseur, so nach dem Motto: Ich bin der Regisseur, und du bist der Mime, und jetzt mach, was ich dir sage. Bei Thomas ist es anders, der war selber so fasziniert von der ganzen Sache, dass er niemals auf die Idee gekommen ist, alleine zu bestimmen, was man als Schauspieler machen soll. Dadurch ist eine Zusammenarbeit entstanden, die ganz einzigartig war.«

So ergaben sich eine Stimmung und eine Arbeitsatmosphäre, die man im Film förmlich spüren kann. Da haben eine Menge Schauspieler gerne mitgemacht, und die Besetzungsliste liest sich wie ein ›Who's who‹ der deutschen Schauspieler. Bis in die kleinsten Nebenrollen ist der Film exakt besetzt, und alle geben mit ihren individuellen und ganz unterschiedlichen Talenten auch der noch so kleinsten Rolle eine starke Ausdruckskraft und eine eigene Tiefe.

So erleben wir einen wunderbaren Auftritt von *Hannes Jaenicke:* Ganz nach dem Motto ›Cool, cooler, Jaenicke‹ spielt er einen Polizisten, der vor Lässigkeit beinahe umzufallen droht und nicht viel Worte macht. Auf seiner täglichen Streife kommt er in die Tankstelle, die gerade von unseren zwei Straßenhelden ausgeraubt wird, sieht sich misstrauisch um, merkt nichts, kippt einen Schnaps und geht, als verlasse er einen Saloon in Texas, um sich draußen auf sein Pferd zu schwingen. Jaenicke, der sich zwar sehr aus deutschen Komödien zurückhält und viele amerikanische TV-Filme dreht, macht nicht nur deswegen gerne bei *Knockin'*

Ein wahrlich komischer Gastauftritt von Hannes Jaenicke

mit, weil die Rolle einfach wunderbar ist, sondern weil er froh ist, dass sich auch bei uns das amerikanische System allmählich durchsetzt: »Die Branche hat endlich kapiert, dass man Filme über Schauspieler verkauft. Und das hat im Fall von Til ganz grandios funktioniert.«

Die charmante Christiane Paul, die fast zeitgleich zu *Knockin'* in Wolfgang Beckers 1997 mit dem Filmband in Silber ausgezeichneten Film *Das Leben ist eine Baustelle* brillierte und die immer noch hin- und hergerissen ist zwischen ihrer filmischen Laufbahn und ihrem Medizinstudium, erzählt, dass es beinah nicht geklappt hätte mit ihrem Gastauftritt in *Knockin'*: »Wegen Überschneidungen beim Dreh für die *Baustelle,* und ich war heilfroh, als es dann doch noch funktioniert hat.« So konnte sie die kaugummikauende Verkäuferin darstellen, die die beiden Reisenden so wunderbar über die Ladentheke anlächelt und sich über ihr Outfit, die Schlafanzüge, wundert.

Ralph Herforth, der schon in den TV-Filmen *Adrenalin* und

Auch die charmante Christiane Paul ist mit dabei

Lemgo an der Seite von Til Schweiger spielte, mag sowohl seinen Schauspielerkollegen als auch den Regisseur: »Es war wirklich nicht einfach, mich in die Rolle des völlig vertrottelten Polizisten Keller hineinzuversetzen, da ich ja eigentlich eher der harte Typ bin. Aber Til und Thomas haben mir dabei geholfen, so eine Art spontane Komik zu entwickeln.«

Die Liste der Cameo-Auftritte scheint schier endlos: Jenny Elvers, Corinna Harfouch und Muriel Baumeister erscheinen als Krankenschwestern; Jürgen Becker hat mit seiner Darstellung des Tankwarts ganze Kinosäle zum Lachen gebracht; Cornelia Froboess spielt Martins Mutter, Regisseur Hark Bohm einen Polizeipsychologen und der internationale Star Rutger Hauer einen waschechten amerikanischen Gangsterboss. Ja, und sogar Sönke Wortmann und Bernd Eichinger geben sich die Ehre …

Das Casting haben Til Schweiger und Thomas Jahn gemeinsam durchgeführt; beide sind davon überzeugt, dass die deutsche Filmszene viele gute Leute zu bieten hat. »Ich liebe Schauspieler«, kommentiert Til die Auswahl, »ich fin-

Wunderbar: Rutger Hauer als oberster Gangsterboss

de, es gibt nichts Schöneres, als einem guten Schauspieler zuzugucken, und es gibt einfach nichts Schlimmeres als einen Schauspieler, dem ich nicht glaube. Wenn einer spielt und ich weiß genau, der spielt jetzt einen Finanzhai oder einen Zuhälter, der ist es nicht für diesen einen Moment auf der Leinwand, dann ist das fast unerträglich. Wenn ich mir aber einen Schauspieler angucke wie Moritz und wie eigentlich alle, die bei uns spielen, dann macht mir das Freude. Ich glaube, wenn man sich mit so einer Liebe und Akribie die Leute zusammensucht, dann kann man in Deutschland noch viel machen.«

Til Schweiger resümiert: »Wir haben alles, was man braucht, wir haben Regisseure, Schauspieler, Drehbuchautoren. Wir brauchen nur die Leute, die diese Leute zusammenbringen. Das haben wir mit unserer Firma Mr. Brown Entertainment versucht, und ich glaube, das ist uns ganz gut gelungen.«

Til goes Hollywood

Im Frühjahr 1997 packt Til Schweiger in Köln seine Koffer, um mit seiner Frau Dana und den zwei Kindern nach Los Angeles zu gehen. Seine Frau ist Amerikanerin, von Los Angeles aus kann sie in zwei Flugstunden bei ihrer Familie sein. Bis zur letzten Minute war Til in Deutschland auf Promotiontour für *Knockin' on Heaven's Door*. Wenn Dana nicht gewesen wäre und darauf geachtet hätte, dass die Vorbereitungen für die Abfahrt laufen, wären die vier wohl nie weggekommen aus Germany. Aber das war bitter nötig. 1996 war ein Marathonjahr für Til Schweiger, er hat einen Film nach dem anderen gedreht und in den freien Minuten mit Thomas Jahn am Drehbuch für *Knockin'* gearbeitet.

Eins von den vielen Projekten in diesem anstrengenden Jahr ist die internationale Produktion *Brute* von Maciej Dejczer. Til Schweiger spielt in dieser polnisch-französisch-deutschen Koproduktion an der Seite von John Hurt, Pete Postlethwaite und Polly Walker. Für die deutsche Finanzbeteiligung hatte sich der Schauspieler persönlich eingesetzt. Es ist ein Film, der nicht viel mit den Geschichten zu tun hat, mit denen Schweiger in Deutschland bekannt wurde. Erzählt wird von jenen rumänischen Waisenhäusern, von denen man nach dem Ende der Diktatur Ceaucescus Anfang der Neunziger erfuhr, dass sie oftmals nur Sterbehäuser waren für zurückgebliebene, kranke, aidsinfizierte Kinder.

Jetzt, nach der Öffnung, hoffen reiche Paare aus dem Westen auf die Adoption eines Kindes – eines gesunden natürlich. In diese genauso verwirrende wie grausame Situation kommt Brute, dargestellt von Til Schweiger. Brute ist ein jugendlicher Gewalttäter, der im Rahmen eines Resozialisierungsprogramms als Friedenshelfer nach Rumänien kommt. Solche Programme gab es damals in England tatsächlich, wie der Regisseur erzählt.

Nicht nur das Drehbuch, sondern vor allem die Begegnung

mit Maciej Dejczer und sein erster Film *300 Meilen bis zum Himmel* haben Til Schweiger bewogen, in diesem internationalen Projekt mitzumachen, das zu jenen Filmen gehört, die es abseits vom Mainstreamkino nicht ganz leicht haben. Aber zu den Filmen *Knockin'* und *Brute* kamen jede Menge Projekte, die eigentlich nicht vorgesehen waren. Da war der TV-Film *Adrenalin,* dessen Dreharbeiten zwar schon

Til Schweiger mit Ehefrau Dana

Til mit seinem Sohn und Ehefrau Dana bei den Dreharbeiten zu ›Brute‹

viel früher begonnen hatten, aber wegen Krankheit des Regisseurs verschoben worden waren; abgedreht wurde er 1996. Und es gab die ›German Classics‹, *Die Halbstarken* und eine kleine Rolle in *Das Mädchen Rosemarie.* »Die Dreharbeiten gingen so richtig von Tür zu Tür, Schluss des einen Films und Beginn des nächsten«, erzählt Til. »Als *Knockin'* abgedreht war, habe ich dann noch die Postproduktion gemacht, schließlich war ich Produzent. Und dann die Pressetour, das war schon stressig. Deswegen musste es einfach mal einen Break geben. Ich habe mir gesagt, wenn ich so weitermache, dann habe ich irgendwann keinen Bock mehr auf den Beruf.«

Raus aus Deutschland, »raus aus dem Trubel«, das war ein Grund für Til, nach Amerika zu gehen, um sich zu erholen,

Ferien zu machen, viel mit seinen Kindern zusammen zu sein. Als seine Tochter Luna im Januar auf die Welt gekommen ist, war er ständig in Deutschland unterwegs, reiste von einem Pressetermin zum anderen, um *Knockin'* vorzustellen. Für die Familie blieb kaum Zeit. Dabei liebt Til es, mit seinen Kindern zusammen zu sein, mit Valentin zu spielen und mit der kleinen Tochter Luna. »Was lernen Sie von Ihrem Sohn?«, wird Til in einem Interview (Amica, 2/97) gefragt. »Bedingungslose Liebe«, ist seine Antwort. »Das Allerschönste auf der Welt ist, wenn dein Kind in deinen Armen einschläft. (...) Valentin ist in Los Angeles in der Hotelbadewanne auf meinem Arm eingeschlafen, und ich traute mich gar nicht, wieder aufzustehen.«

Aber natürlich geht Til Schweiger nicht nach Hollywood, um dort nur Ferien zu machen. In seiner neuen Funktion als Produzent ist er nun immer auf der Suche nach Stoffen für seine Firma Mr. Brown Entertainment. »Das ist meine große Leidenschaft«, schwärmt er immer wieder. »Wir haben schließlich einen extrem erfolgreichen Film in

Til Schweiger als jugendlicher Gewalttäter in ›Brute‹

Deutschland gemacht, auf den ich mächtig stolz bin. Zum ersten Mal konnte ich einen Film so aussehen lassen, wie ich ihn mir erträumt habe.« Und da wollen Til und die Mitarbeiter von Mr. Brown Entertainment weitermachen.

Aber einer der Hauptgründe dafür, nach Los Angeles zu gehen, ist für Til Schweiger, zu schauen, was in Amerika als Schauspieler möglich ist. Als er Anfang 1997 nach Amerika geht, gibt es keine konkreten Pläne. Seine damalige amerikanische Agentur (Phyllis Carlyle, bei der unter anderem John Malkowitch und Andy Garcia unter Vertrag sind) drängte ihn ein wenig, jetzt endlich dort zu arbeiten. Ein Deutscher in Hollywood, das ist ziemlich gewagt, denn die meisten konnten dort nicht zu großen Stars werden. Zwar gehören deutsche Regisseure wie Wolfgang Petersen oder Kameramann Michael Ballhaus zur absoluten Spitze in den Staaten, aber für deutsche Schauspieler ist Hollywood nach wie vor eher ein Risiko. »Meine Managerin glaubt fest an meine Chancen, dort ein sogenannter Leading Man zu werden. Sie glaubt, wenn ein Spanier wie Antonio Banderas es in Hollywood schafft, warum dann nicht der Deutsche Til Schweiger? Als *Der bewegte Mann* in den USA lief, war der Film ein Achtungserfolg, kam immerhin in die Top 30, und ich hatte bessere Kritiken als in Deutschland.« (Amica, 2/97)

Til Schweiger verhehlt nicht, dass er skeptisch ist und unsicher, dass er sich sehr lange überlegt hat, ob er nach Los Angeles geht oder erst mal in Deutschland weitermacht, gerade weil hier eine interessante Entwicklung in Gang ist. »Falls ich in Hollywood Erfolg habe, riskiere ich auch, dass ich auch hier nicht mehr privat sein kann. Im Moment kennt mich in Amerika keiner, und ich bin vollkommen vogelfrei. Einmal in der Woche erkennt mich vielleicht jemand, der den *Bewegten Mann* gesehen hat, der hier im Kino gelaufen ist und der ziemlich stark war im Kino, aber das war es dann auch. Wenn du aber in Amerika Erfolg hast, dann kennt dich die ganze Welt, weil die ganze Welt amerikanische Filme guckt.« Andererseits kann niemand

Chancen in Hollywood? (Til Schweiger in ›Brute‹)

verhehlen, dass es schön ist, Erfolg zu haben, Anerkennung zu bekommen für die Arbeit, die man geleistet hat.

Vielleicht um sich ›warm zu spielen‹ oder einfach nur aus Spaß an der Arbeit, nimmt Til zunächst eine kleine Rolle in dem Film »The Replacement Killers« von Antoine Fuqua an. Los Angeles bedeutet für Til Schweiger die Möglichkeit, beruflich eine andere Welt kennenzulernen und etwas Neues zu versuchen. Eigentlich macht er genau das, was er im Laufe seiner Karriere immer getan hat: die Chancen, die sich bieten, ausnutzen, Erfolge nicht planen und Misserfolgen nicht ausweichen, sondern seinem Instinkt folgen und das tun, was ihm in dem Moment richtig erscheint. »Los Angeles ist eine sehr große Chance, die man nicht einfach wegwerfen kann.«

Eine Chance, mehr ist es zunächst nicht, aber eben eine Chance und vielleicht, wenn man verrückt genug ist und jung und auf eine Art kinofanatisch, dann könnte es klappen. »Das Tolle am Erfolg ist einfach, dass man die Möglichkeit bekommt, mit den Besten zu arbeiten.«

Und tatsächlich bekommt Til schon bald ein Angebot von niemand anderem als Steven Spielberg. Für seinen Film *Saving Private Ryan* hätte er neben Tom Hanks und Ed Burns gerne den deutschen Star Til Schweiger verpflichtet. Bei den Verhandlungen konnte man sich jedoch nicht über die Rolle einigen, und Til lehnt ab: »Es wäre einfach keine gute Darstellung für mich gewesen, das haben schließlich alle eingesehen.«

Inzwischen hat er auch noch eine andere interessante Nebenbeschäftigung gefunden: Als Model für Hugo Boss stellt er die neue Herbstkollektion des bekannten Couturiers vor. Und tatsächlich, Til scheint genau den richtigen Typ für die sportlich-elegante Mode des bekannten Couturiers zu repräsentieren: Männlich, verspielt, eigenwillig und charmant muten die ersten Bilder an.

An Filmangeboten mangelt es derweil nicht, und jetzt gilt es, Drehbücher zu sichten, die ihm seine amerikanische Agentur immer wieder zu lesen gibt. Til sucht sich seine

Til wirbt für Hugo Boss

»Ich möchte gerne wieder in Deutschland arbeiten«, sagt Til

Rollen sehr genau aus, aber konkrete Pläne für seine Zukunft als Schauspieler hat er nicht. Man kann in diesem Beruf nicht planen, es ist alles so schnelllebig: »Du kommst

nach Hause und hast eine Nachricht auf dem Anrufbeantworter, Steven Spielberg möchte dich haben. Es kann aber auch genauso gut sein, dass gar keine Nachricht da ist. Es kann sein, dass ich erst mal hier bleibe oder dass ich in zwei Monaten wieder in Deutschland bin. Privat sind Dana und ich ja jetzt auch noch sehr frei, weil die Kinder noch nicht im schulpflichtigen Alter sind. Wenn die beiden im Schulalter sind, dann muss ich mich entscheiden.« Während Til noch überlegt, nimmt er eine Arbeit an, die ihm früher oftmals die Miete rettete: eine Filmsynchronisation. Til leiht seine Stimme dem mächtigen Herkules im gleichnamigen Zeichentrickfilm von Disney. »Eine Stimme, älter als 18, die ungeachtet ihrer ›Größe‹ unschuldig und kräftig klingen soll«, hieß es in der Sprecherbeschreibung der Amerikaner. Von Til waren sie begeistert.

Im Grunde möchte Til Schweiger gerne wieder nach Deutschland zurückkehren und hier arbeiten. Gerade jetzt, wo eine Aufbruchstimmung in der deutschen Filmszene herrscht, da möchte Til schon gerne teilnehmen. »Ich denke auch, dass ich meinen Teil dazu beigetragen habe, dass der deutsche Film wieder da ist, wo er ist. In vielen erfolgreichen Filmen habe ich mitgespielt, einen der erfolgreichsten habe ich jetzt produziert, und ich finde es einfach wahnsinnig spannend, was in Deutschland passiert.«

Filmographie

Kinofilme

Manta, Manta (1991)
Regie: Wolfgang Büld; Buch: Stefan Cantz; Kamera: Wolfgang Willaert; Schnitt: Gisela Haller; Musik: Michael Bentele, Georg Naschke; Darsteller: *Til Schweiger* (Bertie), Tina Ruland (Uschi), Stefan Gebelhoff, Sabine Berg, Michael Kessler, Nadja Naidenow, Ömer Simsek.
INHALT: Ein paar Tage im Leben eines Mantafahrers. Bertie (Til Schweiger) ist genau so, wie man sich den Besitzer eines Opel Manta vorzustellen hat: braungebrannt, breite Schultern, Goldkettchen und eine blonde Freundin namens Uschi (Tina Ruland), die natürlich von Beruf Friseuse ist. Es gibt aber auch noch jede Menge anderer Mantafahrer, die alle auf eine ganz eigene Art dem Klischee ent-

›Manta, Manta‹

sprechen: Klausi (Michael Kessler), der so tolpatschig und dumm ist, dass er noch nicht einmal mitbekommt, wenn alle über ihn lachen; Hakan (Ömer Simsek), der so wunderbar das Wort Manta in eine Flut türkischer Sätze einbauen kann, und Gerd (Stefan Gebelhoff), der sein Abitur nachmacht und studieren möchte. Dann will er seinen Wagen eintauschen gegen ein Fahrrad, weil er ja dann nicht mehr so viel Geld hat. Daneben gibt es jede Menge echter Mantarennen, in denen man zum Beispiel gegen arrogante Mercedesfahrer antritt, außerdem werden einige der klassischen Mantawitze zum Besten gegeben, und man erzählt viel von Freundschaft und Liebe.

ZUM FILM: »Tilmann Schweiger spielt die Hauptrolle, einen Mantafahrer aus der Unterschicht, etwas simpel, ziemlich halbstark, aber trotzdem gutherzig. Ein Film, der mit bewundernswerter Stringenz scheinbar ironisch persiflierend kein noch so primitives Klischee auslässt.« (Maria Fischer in: Skyline 11/91)

KRITIK: BS in: Kölner Rundschau, 5.10.91; Hans Schifferle in: Süddeutsche Zeitung, 15.10.91; BWZ-ost 14/93; Milan Pavlovic in: Kölner Stadt-Anzeiger, 3./4.1.96

Ebbies Bluff (1992)

Regie: Claude-Olivier Rudolph; Buch: C. O. Rudolph, Axel Götz; Kamera: Jörg Seidl; Schnitt: Sean Barton; Darsteller: Heiner Lauterbach (Ebbie), Sabine von Maydell (Bambi), *Til Schweiger* (Rudy), Manfred Zapatka, Wolfgang Flatz, Helge Schneider, Andy Bausch.

INHALT: Ebbie (Heiner Lauterbach) ist einer dieser Typen, die immer rüberkommen wie Kleingangster, die sich in einer Halbunterwelt bewegen wie in der Welt des Boxkampfs. Ebbie hat Wett- und Glücksspiele versucht und immer irgendein Ding am Laufen. Deswegen hat er auch gerade mal wieder Ärger mit Leuten, denen er Geld schuldet. Die lassen nicht mit sich spaßen und wollen ihr Geld schnell sehen. Ebbie hofft auf einen Boxkampf, da soll Lokalmatador Rudy (Til Schweiger) den Gegner ›The King‹

144

›Ebbies Bluff‹

besiegen. Rudy gibt auch sein Bestes, aber ohne Erfolg, er geht zu Boden.

In einem skurrilen Traum wird Rudy schon bald Schlagerstar, wieder ist Ebbie sein Manager. In schlecht besuchten Bars singt er unsägliche deutsche Schlagerschnulzen, der erhoffte Erfolg aber bleibt aus, und wieder stehen die beiden vor einem finanziellen Desaster. Erst eine ziemlich gewagte Idee und eine günstige Hochzeit ändern die Situation schlagartig; allerdings bleibt Rudy im Regen stehen, während Ebbie in Richtung Erfolg davonrauscht.

Aber wer weiß, vielleicht war das ja alles nur ein Traum?

ZUM FILM: Einige Züge für den windigen Ebbie sind sicher dem Graf-Erpresser Eberhard (Ebby) Thust nachgezeichnet, einem Überlebenskünstler der Unterklasse, einem, der nicht aufgibt, sich einen Weg nach oben zu bahnen, der seine Herkunft aber niemals verleugnen kann. Tatsächlich spielt Thust in dem Film einen Boxveranstalter. »Das wird ein Riesending«, strahlt Ebby Thust gut gelaunt und fein gemacht im schwarzen Anzug mit schwarzweiß gemustertem Hemd bei der Auftaktparty zu den Dreharbeiten im Bochumer Novotel. (Neue Welt, 26.8.92)

Wegen seiner Rolle stiegen die Schauspieler Theo Gärtner und Rainer Hunold *(Ein Fall für Zwei)* aus dem Filmprojekt aus. Angeblich war Gärtners Frau in erster Ehe mit Thusts Bruder verheiratet, und ein Familienkrach sollte verhindert werden.

KRITIK: Eva Strasser in: Wiener, Juni 93; nj in: WAZ, 8.8.92

Der bewegte Mann (1994)

Regie und Buch: Sönke Wortmann; Kamera: Gernot Roll; Schnitt: Ueli Christen; Musik: Torsten Breuer; Darsteller: *Til Schweiger* (Axel), Katja Riemann (Doro), Joachim Król (Norbert), Martina Gedeck (Jutta), Rufus Beck (Walter), Armin Rhode (Metzger), Christof Wackernagel, Heinrich Schafmeister, Kai Wiesinger (Gunnar).

INHALT: Axel (Til Schweiger) kann einfach nicht von den Frauen lassen, und irgendwann findet er sich auf der Straße wieder, denn Freundin Doro (Katja Riemann) hat Axel eines Tages aus der gemeinsamen Wohnung geworfen. Klar liebt sie ihren Axel immer noch, aber was genug ist, ist eben genug. Axel zieht verdrossen ab und merkt natürlich im Nachhinein auch, dass Doro das Beste ist, was ihm passieren konnte. Aber so ist das in der Liebe, man merkt's immer erst, wenn's zu spät ist. Auf der Suche nach einem Dach über dem Kopf lernt Axel Norbert (Joachim Król) kennen und zieht bei ihm ein. Klappt auch alles wunderbar, nur Norbert ist schwul und hat sich ganz heftig in Axel verliebt. Er versucht ihm ein guter Freund zu sein und leidet still vor sich hin. Axel merkt nichts von Norberts Gefühlen und geht auch mit der Freundschaft sehr nachlässig um. Erst als seine Freundin Doro mit Norberts Hilfe im Krankenhaus sein Kind zur Welt bringt, da fängt Axel an zu verstehen, dass er nicht so nachlässig mit den Menschen und ihren Gefühlen umgehen kann.

ZUM FILM: »Zwo, drei, vier, Musik. Es wird getanzt, und die Kamera macht mit. Mischt sich unter die Paare oder schwebt über ihren Köpfen. Dazwischen gibt es Blicke. Eine Frau lässt über die Schulter ihres Partners hinweg keinen Zweifel daran, dass sie gerne woanders wäre. Zum Beispiel in den Armen des Kellners, der ihren Blick erwidert. Deshalb folgt er ihr auch, als sie den Saal verlässt. In der Toilettenkabine geht es dann zwo, drei, vier. Dann kommt die Freundin des Kellners und erwischt die beiden: ›Es ist nicht so, wie du denkst.‹ Das findet die Freundin nicht lustig und setzt den Kellner vor die Tür. Das kann Wortmann. Ein schneller, sauberer Einstieg. Alles ist klar, und es sieht auch noch gut aus. Schon *Kleine Haie* fing so an, mit Musik und Kellner und Liebesnöten. Jetzt also noch mal,

Til Schweiger und Katja Riemann in ›Der bewegte Mann‹

aber abgeklärter, raffinierter, schneller. Von Anfang an galt Sönke Wortmann als großes kommerzielles Talent. Nach dem Kurzfilm *Fotofinish* kamen *Drei D, Eine Wahnsinnsehe, Allein unter Frauen, Kleine Haie,* dann der Flop *Mr. Bluesman.* Jetzt gilt es: Mit *Der bewegte Mann* nach den Bestsellercomics von Ralf König zielt er auf das ganz große Publikum und wird es wohl auch treffen. Und das ist auch gut so.« (Michael Althen in: Süddeutsche Zeitung, 6.10.94) KRITIK: Bert Büllmann in: Cinema 6/94; Hans Schifferle in: epd Film 10/94; Der Spiegel 40/94

Bunte Hunde (1995)
Regie und Buch: Lars Becker; Kamera: Benedict Neuenfels; Schnitt: Oliver Gieth; Musik: Frank & Stefan Wulff; Darsteller: Peter Lohmeyer (Toni), *Til Schweiger* (Pepe), Catrin Striebeck, Jan Gregor Kremp, Christian Redl, Ralph Herforth.
INHALT: Drei junge Männer – Toni, Guru und Pepe – werden wegen Autoschieberei verhaftet und vor Gericht gestellt. Guru lässt sich nichts nachweisen, Toni wird zu zwölf Jahren Haft verurteilt; er ist nicht bereit, auch nur eine einzige Aussage zu machen, sondern schweigt zu allen Vorwürfen, die man ihm macht. Ganz anders Pepe, der belastet Toni und erhält so eine mildere Strafe.
Guru, dessen Freundin Dolores und Mona, die sehr verliebt ist in Toni, organisieren Tonis Flucht. Er verschwindet mit Mona eine Zeit lang an die belgische Küste. Aber schon bald dreht er wieder ein Ding mit Guru, der wird getötet, und Toni kommt erneut in den Knast. Noch einmal unternimmt Toni einen Ausbruchsversuch: Gemeinsam mit drei weiteren Gefangenen, darunter Pepe, nimmt er eine Geisel und erpresst die Flucht. Aber die Gefangenen kommen nicht weit …
ZUM FILM: »Am Ende steht die ultimative Ausweglosigkeit: Toni stirbt, indem er sich im Schussgefecht mit der Polizei vor Pepe stellt. Ob er dies aus Selbstaufgabe tut oder um Pepe zu retten, bleibt in der Schwebe, ähnlich wie sich

JAN-GREGOR KREMP

BUNTE

HUNDE

EIN FILM VON LARS BECKER

WÜSTE FILMPRODUKTION in Coproduktion mit GLÜCK AUF FILM, NDR und arte präsentieren BUNTE HUNDE mit
Peter Lohmeyer, Oana Solomonescu, Til Schweiger, Catrin Striebeck, Jan-Gregor Kremp, Christian Redl und Ralph Herforth
Musik: Frank Wulff, Stefan Wulff · Ton: Andreas Mücke-Niesytka · Kamera: Benedict Neuenfels, BVK · Schnitt: Oliver Gieth · Ausstattung: Bärbel Menzel, SFK
Kostüm: Lars Tesch, SFK · Redaktion: Eberhard Scharfenberg · Ausführender Produzent: Stefan Schubert · Buch und Regie: Lars Becker
Gefördert von: Hamburger Filmbüro, Filmförderung Niedersachsen, FFA, FilmFonds Hamburg, Mediengesellschaft Schleswig-Holstein,
Filmbüro Nordrhein-Westfalen, Vertriebskontor Hamburg und Kinobüro Niedersachsen

›Bunte Hunde‹

Lars Becker stets weigert, allzu deutlich seine Geschichte
mit Erklärungsversuchen zu belasten. Darunter mag die
Psychologisierung der Figuren leiden, gleichzeitig aber ver-

leiht es ihnen jenes Maß an geheimnisvoller Aura, das sie aus der Wirklichkeit in die kino-wirkliche Welt des Genres treten lässt. Da, wo sich Toni beispielsweise offenbaren und erklären müsste, blickte er zur Seite weg aus dem Bild und schweigt – wird Teil eines Melodrams, das so eben nur im Kino funktioniert.« (Horst Peter Koll in: film-dienst)
KRITIK: Hans Schifferle in: epd Film 10/94

Das Superweib (1995)
Regie: Sönke Wortmann; Buch: Gundula Leni Ohngemach, nach dem Roman von Hera Lind; Kamera: Tom Fährmann; Musik: Stoppok; Produktion: Bernd Eichinger, Martin Moszkowicz; Darsteller: Veronica Ferres, Joachim Król, Thomas Heinze, Richy Müller, *Til Schweiger*, Heiner Lauterbach, Esther Schweins, Liselotte Pulver.
INHALT: Franziska ist Mutter von zwei Kindern und mit dem Erfolgsregisseur Will Gross (Thomas Heinze) verheiratet. Nachdem sie aus Versehen von Will geschieden wird, beginnt für sie ein aufregendes neues Leben: Der Scheidungsanwalt Winkel (Joachim Król) steht ihr von nun an mit Rat und Tat zur Seite und umschwärmt die gerade frei gewordene Frau. Die schreibt für eben jenen Scheidungsanwalt ihr Leben auf, der liest es und hat nichts Eiligeres zu tun, als es einem Verlag anzubieten: Der Roman wird zum Bestseller, und Franziska mutiert über Nacht zur Erfolgsautorin. Als auch noch der Exehemann die Filmrechte des Romans erwirbt, ohne zu wissen, dass seine Exfrau die Autorin ist, wird das Chaos perfekt.
ZUM FILM: »Kino ist groß, stark, lebendig, doziert der arrogante, selbtverliebte Erfolgsregisseur Will Gross. ›Die Leute gehen doch nur ins Kino, wenn es etwas Besonderes zu sehen gibt.‹ Will (Thomas Heinze) erklärt dies seiner Exfrau Franziska, die aus ihrem bisher so durchschnittlichen Leben einen erfolgreichen Roman gemacht hat; Will wiederum besitzt die Verfilmungsrechte an diesem Roman und krempelt ihn nun nach seinen Vorstellungen um. So sind seine Argumente alles andere als ein kino-leiden-

›Das Superweib‹

schaftliches Bekenntnis, sondern lediglich der Ausdruck seiner platten Überredungs- und Verkaufsstrategie. Der Zuschauer wiederum soll darin die subtile Ironie erkennen, mit der sich Sönke Wortmann selbst bespiegelt. Auch er verfilmt ja gerade einen Erfolgsroman und sucht nach dem geeigneten filmischen Zugriff auf den Stoff, wobei er und seine Produzenten die Dinge recht kaltschnäuzig und eigentlich nicht minder platt am Reißbrett ersonnen haben.« (Horst Peter Koll in: film-dienst 6/96)
KRITIK: Hans Schifferle in: epd Film 4/96

Brute / Bandyta (1996)
Regie: Maciej Dejczer; Buch: Cesary Harasimowicz; Kamera: Marian Prokop, Arthur Reinhart; Schnitt: Scott

›Brute‹

Stevenson, Arpad Bondy, Kasia Rudnik Glinska; Darsteller: John Hurt, Pete Postlethwaite, *Til Schweiger*, Polly Walker.

INHALT: Es ist die Zeit des Ostblockzusammenbruchs Anfang der neunziger Jahre. In Rumänien kommen schreckliche Dinge ans Tageslicht: Waisenhäuser werden als Sterbehäuser entlarvt, in denen zurückgebliebene oder auch aidsinfizierte Kinder vor sich hin vegetieren. Und als die alte Welt zusammenbricht, bekommen die Waisenhäuser eine neue grausame Funktion: Reiche Paare aus dem Westen wollen sich hier ihren Traum vom eigenen Kind erfüllen, das am besten noch sehr klein, sehr blond und sehr gesund ist. Brute (Til Schweiger) ist ein jugendlicher Gewalttäter, der im Rahmen eines Resozialisierungsprogramms in eines der Waisenhäuser kommt und mit dieser furchtbaren Realität konfrontiert wird. Am Ende wird er ein einziges Kind retten können, aber wohin diese Freiheit beide führt, ist unklar.

Männerpension (1996)
Regie: Detlev Buck; Buch: Eckhard Theophil; Kamera: Slawomir Idziak; Schnitt: Peter Adam; Musik: Detlef Petersen; Darsteller: *Til Schweiger* (Rüdiger Steinbock), Detlev Buck (Hammer-Gerd), Marie Bäumer (Emilia Bauer), Heike Makatsch (Maren Krummsieg), Leander Haußmann, Gideon Singer, Ignaz Kirchner.

INHALT: Zwei ganz unterschiedliche Typen, Steinbock (Til Schweiger) und Hammer-Gerd (Detlev Buck), die sich in einem deutschen Gefängnis eine Zelle teilen, ein junger dynamischer Gefängnisdirektor (Leander Haußmann) und eine sehr modernes Resozialisierungsprogramm sind die Zutaten zu dieser Komödie von Detlev Buck. Im Rahmen des Resozialisierungsprogramms haben die zwei Knackis die Möglichkeit, eine Woche bei einer jungen Dame unterzukommen, die sich für ein solches Unterfangen anbietet. Diese eine Woche in Freiheit führt zu allerlei Verwicklungen – insbesondere sentimentaler Art. Denn sowohl Ham-

›Männerpension‹

mer-Gerd als auch Steinbock verlieben sich mächtig. Allerdings will Steinbock das erst nicht so recht zugeben, vor
sich selbst nicht und auch nicht vor der Auserwählten, Emilia (Marie Bäumer). Die hat allerdings auch so ihre Schwie-

rigkeiten mit den eigenen Gefühlen, den Männern und der Liebe. Aber am Ende gibt es doch zweimal ein Happy End, auch wenn es im Gefängnis beginnt.

ZUM FILM: »Ein waghalsiges, ganz und gar absurdes Szenario. Detlev Buck pfeift auf die Realität und auf den sogenannten guten Geschmack und kreiert seine eigene unnachahmliche Kinowelt. Grell und bunt geht es darin zu, was durchaus wörtlich zu nehmen ist, denn Buck und sein polnischer Kameramann Slawomir Idziak tauchen die Bilder mittels Farbfilter in irreale Farben und verleihen dem Film so einen stilisierten Look, der die Künstlichkeit, die Märchenhaftigkeit des Gezeigten überdeutlich betont. Man darf nichts wirklich ernst nehmen an dieser Blödelfarce, in der jede Szene keinen anderen Zweck erfüllt, als skurrile Situationen zu schaffen und möglichst viele Kalauer abzuwerfen, in der alles Spaß und Spiel ist, der reine Eskapismus.« (Frank Schnelle in: epd Film 2/96)

KRITIK: Norbert Raffelsiefen in: General-Anzeiger, 1.2.96; HHS in: Express, 1.2.96; Marlene Köhler in: Mitteldeutsche Zeitung, 1.2.96; Peter Körte in: Frankfurter Rundschau, 1.2.96; Thomas Klingenmeier in: Stuttgarter Zeitung, 1.2.96; Christiane Peitz in: Die Zeit, 1.2.96; Anke Sterneborg in: Süddeutsche Zeitung, 1.2.96; Sebastian Feldmann in: Rheinische Post, 2.2.96; Hartmut Wilmes in: Kölner Rundschau, 3.2.96; Christian Seebaum in: Kölner Stadt-Anzeiger, 3.2.96; Harald Martenstein in: Der Tagesspiegel, 3.2.96; Rolf-Ruediger Hamacher in: film-dienst 3/96

Knockin' on Heaven's Door (1996)
Regie und Buch: Thomas Jahn; Kamera: Gero Steffen; Schnitt: Alexander Berner; Darsteller: *Til Schweiger* (Martin Brest), Jan Josef Liefers (Rudi Wurlitzer), Thierry van Werveke (Henk), Moritz Bleibtreu (Abdul), Huub Stapel, Leonard Lansink, Rutger Hauer und viele Auftritte von Größen der deutschen Kinoszene – von Corinna Harfouch bis Sönke Wortmann.

INHALT: »Zwei Männer, ein Ziel: Sie heißen Martin (Til

›Knockin' on Heaven's Door‹

Schweiger) und Rudi (Jan Josef Liefers), und sie wollen wenigstens einmal in ihrem Leben das Meer sehen. Doch ihre Zeit ist knapp, denn heimtückische Krankheiten nagen an ihren Körpern: Martin hat einen Tumor im Kopf, der ihn gelegentlich zuckend zusammenbrechen lässt, und Rudi hat Krebs im Endstadium. Mit einem geklauten Auto machen sie sich gemeinsam auf ihre letzte Reise, die rasch zum Abenteuer wird, weil sie ausgerechnet den Wagen eines Gangsters erwischt haben, in dem ein Koffer voller Geld liegt. Den will der düstere Frankie ›Boy‹ Beluga (Huub Stapel) um jeden Preis zurückhaben.« (Christian Seebaum in: Kölner Stadt-Anzeiger, 22.2.97)

ZUM FILM: Beim Tagesspiegel stieß der Film auf so unterschiedliche Meinungen, dass man zwei Kritiker zu Wort kommen ließ: »Das wird ja fast unheimlich: So kurz nach

Rossini schon wieder ein hervorragender deutscher Film, publikumsorientiert, aber nicht oberflächlich, eine Komödie, aber keines der vielgeschmähten Beziehunglustspiele – wenngleich uns diese immer noch lieber sind als die einschlägigen Reisen durchs Jammertal.« (Jan Gympel, 20.2.97) »Und jetzt zum Hauptfilm: Doch, doch manches ist ganz lustig. Aber guck bei Buck, wie man aus einem begabten Kerl eine Gagfabrik macht. Und die Gagfabrik ist es, die der krisengebeutelte Deutsche jetzt brauchen kann, für die er sein Wechselgeld hingibt, auf dass blühen mögen die Landschaften der deutschen Kinokomödie. Das muss kesseln – und kasseln! Alle freuen sich, und der Rest ist eher egal.« (Jan Schulz-Ojala, 20.2.97)

KRITIK: Brigitte Werneburg in: taz, 20.2.97; Uwe Sauerwein in: Berliner Morgenpost, 20.2.97; kaj in: BZ, 20.2.97; Gregor Dotzauer in: Frankfurter Rundschau, 20.2.97; hgr in: Die Welt, 20.2.97; Heiko R. Blum in: Rheinische Post, 21.2.97; Marion Löhndorf in: FAZ, 21.2.97; Christian Seebaum in: Kölner Stadt-Anzeiger, 22.2.97

The Replacement Killers (1997)
Regie: Antoine Fuqua; Buch: Ken Sanzel; Darsteller: Chow Yun-Fat, Mira Sorvino, Michael Rooker, *Til Schweiger*, Jürgen Prochnow, Carlos Gomez.

INHALT: Ein chinesischer Immigrant, John Lee, dessen brutale Vergangenheit als Killer ihm nichts als Unruhe und innere Konflikte bringt. Dies macht ihn zum idealen Mörder. Im Austausch für die zukünftige Übersiedlung seiner Familie von Beijing nach Amerika wird Lee von einer mächtigen Unterweltfigur, Mr. Wie, engagiert, um einen tödlichen Racheakt gegen einen Polizeidetektiv, Stan Zedkof, zu iniziieren.

Herkules (Zeichentrick, 1997)
Regie: Ron Clement, John Musker. Buch: Ron Clement, John Musker, Donald McEnery, Bob Shaw, Irene Mecchi, Musik: Alan Menken.

›*Herkules*‹ (*mit freundlicher Genehmigung von Buena Vista intern.*)

INHALT: Ein junger Halbgott wächst auf der Erde auf, hat es hier zunächst nicht so leicht, wandelt sich aber dann doch noch zum Helden …
Til Schweiger hat den Herkules für das deutsche Kino synchronisiert, und an seiner Seite hören wir die Stimme von Jasmin Tabatabai.

Fernsehfilme

Lindenstraße (Fernsehserie, 1991–92)
Regie: Jens Hercher, Claus Peter Wirth; Buch: Anne Neunecker, Hans W. Geissendörfer, Martina Borger; Kamera: Jenny Schenk, Alf Bartsch, Jürgen Kerp, Rolf Stolz; Darsteller: Amorn Surangkanjanajai, Marcel Kommissin, Roland Mkwanazi, Hildegard Scholz, Domna Adamopoulou, *Til Schweiger* (Jo Zenker), Thorsten Nindel, Anna Teluren.
INHALT: In dieser erfolgreichen Vorabendserie (1997 konnte die *Lindenstraße* ihre 600. Folge feiern) werden ganz einfache Menschen vorgestellt, Menschen mit ihren ganz alltäglichen Sorgen und Wünschen. Da geht es um Liebe, um Trennung, um Jugendliche und die Schwierigkeit, erwach-

sen zu werden, um gute oder schlechte Nachbarschaft und und und. Besonderen Wert legt der Produzent Hans W. Geissendörfer darauf, dass Probleme thematisiert werden, die in unserer Gesellschaft existieren und jeden mehr oder weniger auch in seinem Leben berühren. Dazu gehören Drogenproblematik und Aids genauso wie Rassismus und Gewalt.

Die Kommissarin (1993)
Regie: Jörg Grünler, Carlo Rola; Darsteller: Hannelore Elsner (Lea Sommer), *Til Schweiger* (Nick Siegel), Karlheinz Lemken (Henning Burre), Svenja Pages, Udo Suchan.
INHALT: Die charmante Kommissarin Lea Sommer (Hannelore Elsner) steht im Mittelpunkt dieser Kriminalserie. Gemeinsam mit ihrem Team, Oberkommissar Henning Burre (Karlheinz Lemken) und dem Assistenten Nick (Til Schweiger), löst sie ihre Fälle mit psychologischem Geschick und weiblichem Einfühlungsvermögen.
»Wir wollen die Tragik von Gewalt, ihre Ursprünge zeigen«, so Jörg Grünler, Regisseur der Serie *Die Kommissarin*. Ermittelt wird genauso im Drogenmilieu wie unter russischen Schwarzarbeitern oder Bundeswehroffizieren. Aber auch familiäre Schicksale stehen im Zentrum des Interesses der Beamten, und die Macher machen deutlich, wie sehr die Täter auch Opfer sind. Die liebevollen Kabbeleien zwischen der Kommissarin und ihrem Assistenten Nick geben den Ermittlungen einen persönlichen, oftmals humorvollen Aspekt.

Lemgo (1994)
Buch und Regie: Jörg Grünler; Kamera: Ingo Hamer; Schnitt: Jörg Baumeister; Musik: Mick Baumeister; Darsteller: Jasmin Tabatabai (Vera), *Til Schweiger* (Jan), Heinz Hoenig (Bodo), Walter Schmidinger, Hans Martin Stier, Ralph Herforth.
INHALT: Der junge Sportjournalist Til Schweiger verliebt

sich in diesem Politthriller in die Sängerin Vera Vinyl, die eines Abends Zuflucht in seinem Auto sucht. Vera erzählt ihm von dubiosen Papieren, die beweisen könnten, dass einflussreiche Persönlichkeiten des öffentlichen Lebens in Giftgasgeschäfte verwickelt sind. Diese Papiere sollen für viel Geld an einen Gangster verkauft werden. Jan erhofft sich eine große Story über einen Giftgasskandal, aber er hat nicht mit der harten und brutalen Welt kleiner und großer Gangster gerechnet. Als Vera ermordet wird, findet Jan sich an der Seite ihres Bruders wieder; um den Mörder zu suchen, bewegt er sich in einer Welt, die er nicht kennt, die ihm Angst macht: zwielichtige Typen, immer mehr Tote, und Verbrechen, die zurückreichen in die Zeit des Nationalsozialismus. Jan möchte aussteigen, aber das geht nicht, er muss entweder durchhalten oder sterben.

Adrenalin (1996)

Regie: Dominique Othenin-Girard; Buch: Douglas Graham, Douglas Scott-Hessler; Kamera: Sven Kirsten; Musik: Jürgen Ecke; Darsteller: *Til Schweiger* (Stephan Renner), Geno Lechner, Ralph Herforth, Lena Gryczka, Anja Hoffmann.

INHALT: Ein junger Mann kämpft in diesem Actionthriller verzweifelt um das Leben seiner Tochter: Stephan Renner (Til Schweiger) ist ein ehemaliger Beamter des SEK der Polizei, der bei einem Anschlag von Terroristen seine Frau verloren hat; bei einem Einsatz erschießt er den Mörder und bezahlt für diesen persönlichen Racheakt mit einer längeren Haftstrafe. Als er wieder draußen ist, muss er das Gericht davon überzeugen, dass er in der Lage ist, seine kleine Tochter (sie war bei Pflegeeltern untergekommen) zu sich zu nehmen und ihr ein guter Vater zu sein. Aber dann wird seine Tochter entführt, und es beginnt ein harter Kampf zwischen Renner und den Terroristen.

Das Mädchen Rosemarie (1996)

Regie: Bernd Eichinger; Buch: Bernd Eichinger, Uwe Wilhelm; Kamera: Gernot Roll; Schnitt: Alex Berner; Musik: Norbert Schneider; Darsteller: Nina Hoss (Rosemarie Nitribit), Heiner Lauterbach (Hartog), *Til Schweiger* (Nadler), Mathieu Carrière, Horst Krause, Hannelore Elsner, Katja Flint (Christine), Heinrich Schafmeister (von Oelsen).

INHALT: Das Mädchen Rosemarie wächst in den fünfziger Jahren auf, in Erziehungsanstalten und bei Pflegeeltern. Sie träumt von einem besseren Leben, einem Leben in Luxus und ohne Sorgen, und sie versucht mit allen Mitteln, diesen Traum zu realisieren. Mit Hilfe eines französischen Wirtschaftsmagnaten (Mathieu Carrière) schafft sie es, von Männern der deutschen Wirtschaftselite viel Geld für ein paar Stunden mit ihr zu bekommen. Sie wickelt diese Männer um den Finger, aber sie verrechnet sich, wenn sie glaubt, in deren Kreise aufsteigen zu können. Mit ihr schlafen, das tun sie gerne, die Herren, auch sich bei ihr ausweinen, aber sie wollen nicht mit ihr in der Öffentlichkeit verkehren. Am Ende wird sie ermordet, ihr Mörder wird nie gefunden.

Die Halbstarken (1996)

Regie: Urs Egger; Buch: Bernd Eichinger, Uwe Wilhelm; Kamera: Lukas Strebel; Schnitt: Hans Funck; Musik: Detlef Petersen; Darsteller: *Til Schweiger* (Freddy), Sandra Speichert (Sissy), Roman Knizka, Frank Giering, Johann von Bülow, Boris Aljinovic, Florian Fitz.

INHALT: Ein Remake des gleichnamigen Kultfilms aus den fünfziger Jahren: ›Halbstarke‹, die ihre Freizeit in Schwimmbädern und Eissalons verbringen und die davon träumen, ein anderes Leben als ihre Eltern zu führen. Mit einer großen Klappe machen sie sich einen Spaß daraus, die anderen Menschen in ihrer Umgebung zu brüskieren. Um ihre Träume endlich zu verwirklichen, planen sie einen Postraub, bei dem sie jedoch anstatt des erhofften Geldes nur wertlose Briefe ergattern. Freddy (Til Schweiger), der Anführer der Gang, gibt jedoch nicht auf. Gemeinsam mit seiner Freundin Sissy (Sandra Speichert) bricht er in ein

Haus ein; dabei kommt nicht nur ein alter Mann, sondern auch Sissy zu Tode. Halbstarke Träume, die sich sehr schnell ausgeträumt haben.

Theater

1986–89	Während der Ausbildung: »Biedermann und die Brandstifter« (Eisenring)/»Penthesilea« (Achill)/ »Der kleine Vampir« (Rüdiger)
1989	»Mit einem Zeh im Wasser« (Rodney); Inszenierung: Horst Johanning
1990	»Endlich allein« (Elliot Butler), Inszenierung: Horst Johanning
1991	»Kille, Kille« (Geoff), Inszenierung: Horst Johanning
1992	»Die Kaktusblüte«

Preise

1993
Max-Ophüls-Preis als bester Nachwuchsdarsteller für die Rolle in *Ebbies Bluff*

1994
Bambi für die Rolle in *Der bewegte Mann*

1995
Bambi für die Rolle in *Männerpension.*

Bibliographie

Interviews/Porträts Til Schweiger:
Berliner Morgenpost, 9.2.91; Lüdenscheider Nachrichten, 12.3.91; Muriel Fischer in: Skyline 11/91; Gert Heiland in: Wetzlarer Neue Zeitung, 18.7.92; Aachener Nachrichten, 28.11.92; Neue Ruhr Zeitung, 30.11.92; Thomas Reinhardt in: Saarbrücker Zeitung, 25.1.93; Paul Varjak in: Prinz Berlin 6/93; C. Willruti in: Frau im Spiegel, 18.8.94; Christian Seebaum in: Kölner Stadt-Anzeiger, 3.10.94; Adrano Sack in: Tempo, Februar 95; Peter Praschl und Meike Winnemuth in: Stern, 30.3.95; Brigitte Young Miss, 26.4.95; Georg Seitz in: Bunte, 3.8.95; Andreas Halbach in: Kölner Stadt-Anzeiger, 18.10.95; Tina Stommel in: Bonner General-Anzeiger, 20.1.96; WAZ, 18.1.96 (Gespräch mit Marie Bäumer und Til Schweiger); Christine Mortag in: Gala, 25.1.96; Christine Kruttschnitt und Jochen Siemens in: Stern, 1.2.96; Dieter Oßwald in: Westfälische Rundschau, 28.2.96; Maicke Mackerodt in: Express, 31.3.96; Urs Jenny in: Der Spiegel, 17.6.96; Claudia Freytag in: Kölner Stadt-Anzeiger, 4.9.96; Martina Tabak in: Bild am Sonntag, 17.11.96; Ulrich Losse in: Focus, 16.12.96; Martin Bommersheim in: WAZ, 8.2.97; Christian Schröder in: Der Tagesspiegel, 20.2.97; Katharina Gugel in: Kölner Stadt-Anzeiger, 15./16.3.97; Stefan Wilke in: Amica 2/97; Gudrun Thiel in: Bunte 8/97; Ildikó von Kürthy in: Stern 8/97 (Februar); Jörg Burger in: Zeit Magazin 9/97; Georg Seitz in: Bunte 24/97 (Juli)

Gespräche und Interviews mit Regisseuren und Schauspielern:
Die Textauszüge sind in den meisten Fällen Gesprächen entnommen, die die Autorin 1997 mit den Schauspielern und Regisseuren führte. Weitere Zitate entstammen folgenden Textquellen:
Detlev Buck: Christian Schröder in: Der Tagesspiegel (zur Zeit von *Männerpension*)
Sönke Wortmann: Michael Althen in: Süddeutsche Zeitung, 5./6.9.92; Nicola Dönhoff in: Focus, 1.10.94; Milan Pavlovic in: Kölner Stadt-Anzeiger, 1.10.94; Tobias Kniebe in: Focus, 3.6.95; Thomas Schumann und Gerhard Waldherr in: Stern, 14.6.95
Horst Buchholz: Thomas Thieringer in: Süddeutsche Zeitung, 21./22.12.96

Textquellen, deutscher Film allgemein:
Claudius Seidl: Der deutsche Film der fünfziger Jahre, München 1987; Rolf Giesen in: Der Tagesspiegel, 23.11.94; Christian Wagner

in: Süddeutsche Zeitung, 16.3.95; Sebastian Zabel in: Express, 22.9.95; Der Spiegel, 11.12.95; Harald Pauli und Tobias Kniebe in: Focus 2/96; Kraft Wetzel in: NZZ, 24.5.96; Claudia Schwarz in: NZZ, 14.6.96; Der Spiegel 50/96; Michael Althen in: Süddeutsche Zeitung, 12.12.96; Brigitte Desalm in: Kölner Stadt-Anzeiger, 1./2.2.97; Stefan Kuzmany in: taz, 13.12.96; Andreas Kilb in: Die Zeit, 13.12.96; Stefan Stosch in: Hannoversche Allgemeine Zeitung, 13.12.96; Hans Hoff in: Rheinische Post, 13.12.96; Kraft Wetzel in: NZZ, 2.5.97; Andreas Kilb in: Die Zeit, 6.6.97; Heiko R. Blum: 30 Jahre danach. Auseinandersetzung mit dem Nationalsozialismus im Film 1945 bis 1975

Theaterkritiken:
H. D. Terschüren in: Bonner Rundschau, 2.12.89 (zu »Mit einem Zeh im Wasser«); Dieter Gerber in: General-Anzeiger, 4.12.89; H. D. Terschüren in: Bonner Rundschau, 17.8.90 (zu »Endlich allein«); Margareta Müller in: Kölner Stadt-Anzeiger, 2.12.91 (zu »Kille, Kille«); Prinz Köln 1/93

Danksagung

Für ihre Geduld und ihre Hilfe möchte ich mich ganz besonders bei Heiko R. Blum, Sigrid Schmitt und Jens Weber bedanken. Für eine gute Zusammenarbeit danke ich außerdem: Christoph Gehring und Michael Bolz, Stefanie Kurek (PMC); Rita Bertemes, Ulrike Seyffarth und Marine Dubrulle (public affairs); Anne Schesch (Boje Buck); Martina Wicha (Theater am Dom); Frau Maretsch und Herrn Johanning (Contra-Kreis-Theater); Conny Verhoeven, Ilonka von Wisotzki und Manuela Hlouschek (Geissendörfer Filmproduktion), Stefan Müller (Theater der Keller); Frau Meyer (Warner Brothers); Margot Neschitsch (ClassicMedia); Beate Wolgast und Marie Luise Schmidt (die agenten); Mechthild Holter (Player); Highlight Arkade Filmproduction; Marie Louise Schneider (Buena Vista International Germany)

Register

HEYNE BÜCHER

Kerstin Jentzsch

Seit die Götter ratlos sind

01/9865

Lisa Meerbusch ist jung, schön, naiv und trotzig. Sie lebt in Ostberlin, hat aus politischen Gründen ihren Beruf an den Nagel gehängt und ihre Träume von dem, was Leben sein kann, nicht aufgegeben. Als die Mauer fällt, folgt sie ihrem Traum und fliegt nach Kreta...

»Ein cooles Buch zum Nachdenken.«
DIE WELT

Heyne - Taschenbücher

Große Regisseure

Ihre Filme - ihr Leben

32/165

Heyne-Taschenbücher

Faszinierende Frauen

*Die großen Stars
von Hollywood*

Katharina Blum
Juliette Binoche
32/215

32/215

H e y n e - T a s c h e n b ü c h e r

Starke Männer

Hollywoods neue & alte Helden

Alan G. Barbour
Humphrey Bogart
32/1

John Parker
Sean Connery
32/225

Katharina Blum
TIL SCHWEIGER

32/255

Frank Schnelle
Tom Cruise
32/192

David Dalton
James Dean
32/72

Rein A. Zondergeld
Alain Delon
32/211

Adolf Heinzlmeier
Johnny Depp
32/245

Gerald Cole
Peter Williams
Clint Eastwood
32/199

Adolf Heinzlmeier
Mel Gibson
32/240

Meinolf Zuhorst
Tom Hanks
32/229

Robert Fischer
Al Pacino
32/203

Karsten Prüßmann
Brad Pitt
32/238

Mary Thürmer
John Travolta
32/249

H e y n e - T a s c h e n b ü c h e r